고려대학교 식품자원경제학과

세상의 모든 가격 이야기

THE STORY OF EVERY PRICE IN THE WORLD

양승룡·이나영·이선미·조이훈·한보람·이재상·최석원
남기은·박창언·김석래·노현우·전찬우·박수현·박빛나
박유민·김진철·박동훈·송수진·장현수·강승원·김경진
김동원·이영주·변진영·황재은·김세련·김남준·이형근
안필중·이영찬·김상훈·문소현·박은정·배석민·김소정
오현호·김진성·안윤재·진소정·최문희·최은숙·이보람
남인화·서민구·박기범·이춘수 **지음**

KYOWOO

책머리에

본 저서는 고려대학교 식품자원경제학과에 개설된 「가격분석론」 수업에서 2009년, 2010년, 2011년 동안 학생들이 발표한 내용 중 우수과제를 선별하여 편집하였다. 가격은 자본주의 시장경제를 움직이는 핵심 동인[driver]이며, 가격을 통해 생산과 투자, 유통 및 소비가 결정된다. 시장에서 결정되는 가격은 흔히 합리적이고 효율적인 것으로 간주되지만 실제 우리가 접하는 가격은 비효율적이거나 종종 소비자를 현혹하고 시장의 질서를 의도적으로 왜곡시키는 마케팅의 수단일 경우가 많다.

우리가 가격을 연구하고 분석하는 이유는 여러 가지다. 가격에는 시장의 모든 정보가 녹아 있어 이를 역으로 분석함으로써 시장의 상황을 보다 잘 이해하고 미래의 변화를 가늠해볼 수 있다. 가격에는 또한 기업의 마케팅 믹스와 경영전략도 내포되어 있다. 기업 간의 경쟁전략과 정부의 정책수단으로서도 가격은 중요한 의미를 지닌다.

여기에 선보인 연구물들은 아직 배움 중에 있던 학생들이 경제적 현상, 특히 가격을 보는 창의적인 관점과 분석을 통해 무한한 학문적 가능성을 증명해 보인 역작들이다. 개별 연구의 제목이 모두 의문문의 형태로 되어 있는 것은 다분히 의도적이다. 가격 현상에 대한 질문을 던지고 이에 대한 답을 찾아가는 과정을 통해 주제를 명확히 하고 모형을 구체화 시킬 수 있기 때문이다.

지금은 모두 사회의 여러 부문에서 대한민국의 미래를 위해 힘차게 뛰고 있을 자랑스러운 그들에게 열렬한 응원의 박수를 보낸다. 또한 제목에서 알 수 있듯이 이 책은 시리즈의 첫 번째 이야기다. 더욱 흥미로운 주제와 창의적인 분석들이 기대된다.

2015년 5월

일운재에서 양승룡 교수

차 례

대형마트의 가격전쟁, 왜 삼겹살인가?

남기은, 박창언, 이재상, 최석원

2010년 1월 주요 생활품목을 한 달 이상 인하된 가격으로 유지한다는 이마트의 '신가격정책' 발표를 시작으로 대형마트 간의 가격인하 전쟁이 시작되었다. 그 중 가장 이슈가 된 상품은 삼겹살로 100g당 980원까지 내려간 삼겹살을 사기 위해 점포 개장시간 전부터 줄을 서는 고객들이 생길 정도였다. 이 연구는 연일 언론에 보도될 만큼 이슈가 되었던 '삼겹살전쟁'을 통해 대형할인마트의 가격정책을 살펴보고자 시작되었다.

삼겹살전쟁 전개과정

2010년 1월 7일 신세계 이마트는 '신가격정책'을 발표했다. 삼겹살, 바나나, 계란 등 12가지 생필품의 가격을 최대 36.8%까지 할인했다. 할인 정책은 2010년 내내 진행하고 가격을 낮추기 위해 자체 마진을 감소하여 1,000억 원의 영업이익을 줄이겠다고 했다(한겨레, 2010. 1. 7). 이마트의 기습적인 가격할인에 홈플러스와 롯데마트는 이마트 가격인하 제품에 대해 단돈 10원이라도 더 싼값에 판매하겠다고 선언하며 즉각 맞대응 했다. 이로써 유통업계 1, 2, 3위 업체 간에 치열한 가격경쟁이 시작되었다. 다양한 할인 상품 중 삼겹살은 가장 파격적인 가격 인하로 언론 매체와 대중의 집중 조명을 받았다. 이에 따라 대형유통업체의 가격경쟁은 '삼겹살전쟁'으로 불리게 됐다.

이마트는 신가격정책 이후 삼겹살 가격을 100g당 1550원에서 980원으로 인하하였다(영등포점의 경우 590원까지 인하했다). 국내 육가공 회사가 이마트에 납품하는 삼겹살 가격이 100g당 1,100원 수준(동아일보, 2010. 1. 12)임을 고려할 때 원가보다 낮은 역마진negative margin 판매가 이루어진 것이다.

이마트는 신가격정책의 목표를 밝혔다. 가격을 할인함으로써 할인점 본연의 기능을 회복하고 온라인몰 등 다른 유통채널에 빼앗긴 고객의 발길을 되돌려 놓겠다고 했다. 삼겹살은 대표적인 가격인하 상품으로서 이마트의 가격정책을 이끌었다.

삼겹살로 본 미끼상품

판매자는 납품받은 가격(판매 원가)에 일정 수준의 마진(=판매비용 + 이익)을 적용해 가격을 책정한다. 육가공 업체는 이마트에 100g당 1100원의 가격으로 삼겹살을 납품했다. 신가격정책 이전에 이마트는 삼겹살을 1550원에 판매하여 이익positive margin을 얻었다. 그러나 신가격정책 이후 삼겹살이 판매원가 1100원에 미치지 못하는 980원에 판매되어 손실negative margin이 발생하게 된다. 〈그림 1〉은 판매가격에 따른 마진margin을 보여준다.

〈그림 1〉 신가격정책 전후의 판매가격에 따른 마진(margin)

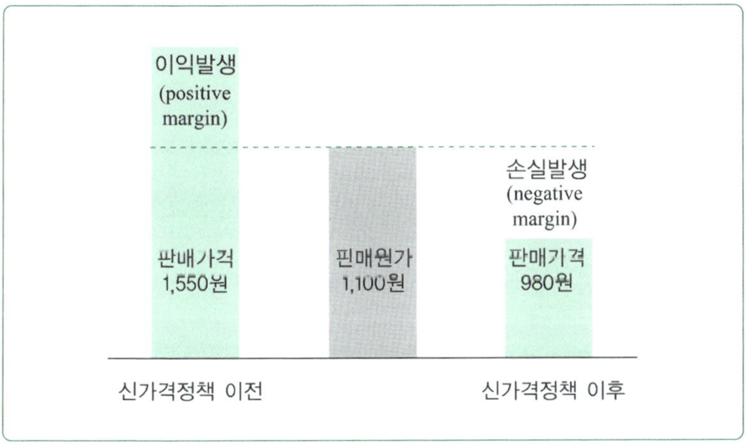

삼겹살전쟁으로 이마트의 삼겹살 매출이 평균 400% 증가했으나, 역마진으로 인한 손실은 매장당 월평균 1억2천 여 만원에 달하는 것으로 나타났다. 전체 손실은 한 달여간 170억 원 정도

이다. 삼겹살전쟁에 참여했던 다른 대형마트의 손실도 적지 않았으리라 추측된다.

그렇다면 대형마트들은 왜 이러한 손실을 감수하면서 삼겹살 전쟁을 했던 것일까? 이는 미끼상품을 통해 전체 영업이익의 증가를 도모하기 위해서이다. 당초 1,000억 원의 영업이익 감소를 감수하겠다는 이마트 측의 발표와는 달리 2월말 이마트의 영업이익은 전년 대비 20% 상승한 1,171억 원에 달한다(YTN, 2010. 3. 17). 삼겹살 판매에 따른 손실에도 불구하고 영업이익이 증가한 것이다. 이는 삼겹살이 훌륭한 미끼상품으로 작용했음을 반증한다.

그렇다면 왜 삼겹살이 미끼상품으로 채택되었으며, 그 성공 요인은 무엇이었을까? 성공적인 미끼상품이 되기 위해서는 소비자 선호도가 높은 대표상품이어야 한다. 대표상품이면서 수요의 가격탄력성도 크다면 미끼상품의 효과는 극대화 된다. 미끼상품의 역할을 효과적으로 해낼 뿐만 아니라 미끼상품에서 발생되는 손실을 최소화 할 수 있기 때문이다.

980원 삼겹살은 성공적인 미끼상품인가?

이마트의 980원 삼겹살은 성공적인 미끼상품인가? 본 연구는 조사를 통해 이를 분석했다.

삼겹살은 효과적인 미끼상품의 대상인가? 삼겹살은 축산품목의 대표상품이며 소비자 선호도가 높다. 한국농촌경제원의 분석에 따르면 돼지고기 소비는 〈그림 2〉에서와 같이 삼겹살에 집중돼있다. 여타의 부위보다 삼겹살에 대한 소비자들의 선호가 뚜렷함을 알 수 있다. 그러므로 삼겹살은 효과적인 미끼상품이 될 수 있다.

〈그림 2〉 돼지고기 부위별 구매비중(2009년)

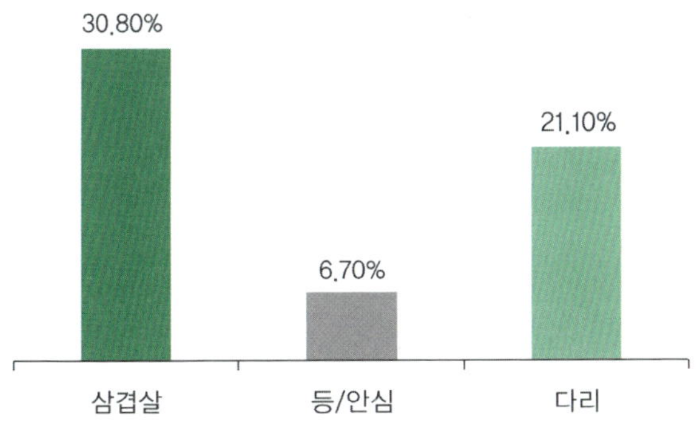

자료. 데이터뉴스(data news) 한국인의 지독한 삼겹살 사랑 (2009. 12. 7)

980원은 효과적인 미끼상품의 가격인가? 이에 답하기 위해 설문조사를 통해 삼겹살에 대한 구매자의 지불의사 가격을 분석했다. 설문조사는 서울과 용인 지역의 대형마트를 방문한 고객 135명을 대상으로 2010년 5월 10일에서 17일까지 8일 동안 실시하였다.

설문조사 결과 〈그림 3〉과 같은 지불의사 가격의 분포가 도출되었다. 삼겹살 가격이 980원에서 1300원으로 인상돼도 구매하겠다는 응답이 73%였다. 삼겹살 가격이 인상되어도 구매를 하겠다는 73%를 대상으로 최대 지불의사 가격을 질문했다. 그리고 가격이 인상되면 구매하지 않겠다는 27%의 응답자에게 희망하는 가격 인하수준을 질문했다. 조사된 최대 지불의사 가격과 희망가격 수준을 이용하여 도출된 평균 지불의사 가격은 약 1358원이다. 이마트가 삼겹살에 책정한 980원은 구매자가 지불하고자 하는 가격 1358원보다 25% 저렴한 가격으로 구매자 입장에서는 파격적인 가격이 된다.

〈그림 3〉 삼겹살에 대한 지불의사 금액의 분포

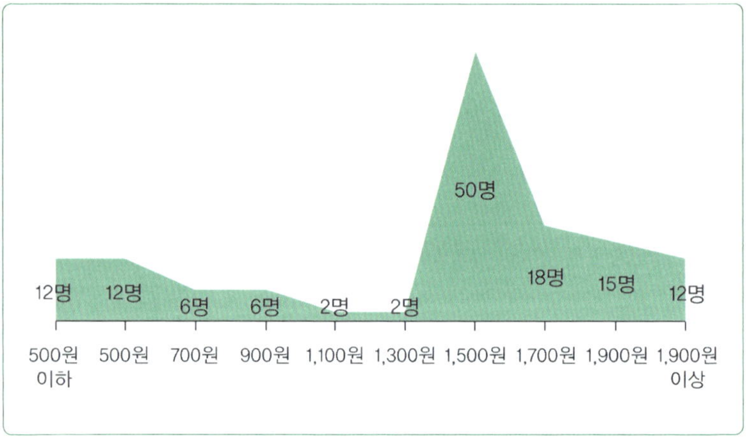

조사된 지불의사 가격과 응답자수를 이용하여 삼겹살 수요 그래프를 도출하였다. 〈그림 4〉는 가격 분포를 토대로 도출한 삼겹살 수요 그래프이다. 가장 높은 가격(1900원 이상)에서의 수요부터 가격대별 지불의사자수를 누적하여 수요 곡선을 도출하

〈그림 4〉 설문조사 결과를 토대로 도출한 삼겹살 수요 곡선

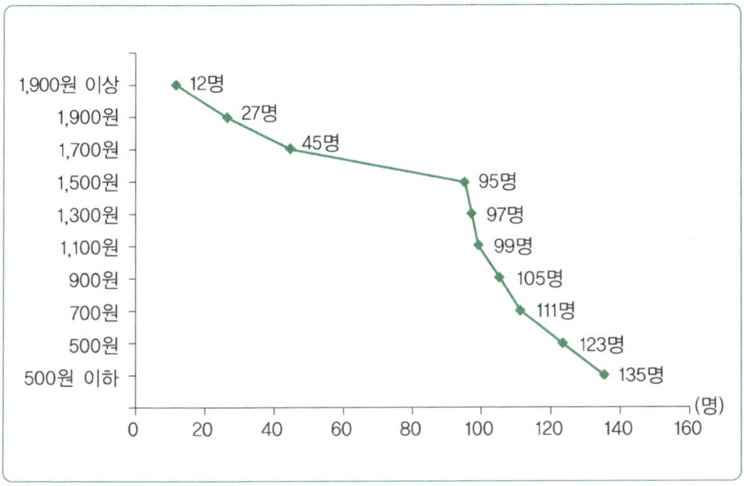

자료. 오마이뉴스(2010. 2. 8). 대형할인점 삼겹살 전쟁은 끝났지만

였다.[1] 이러한 방식으로 도출된 수요곡선은 굴절된 형태인 굴절수요곡선kinked demand curve으로 나타났다.[2]

---

1) 각 가격대별 수요량은 차상위 가격에서의 수요량에 각 지불의사 가격대별 지불의사자수를 더하여 산출하였고, 최고가 지불의사 가격인 1900원 이상에서의 수요량은 해당 가격에 대한 지불의사자수인 12명을 수요량으로 적용하였다. 예를 들어, 1900원에서의 수요량은 차상위 가격인 1900원 이상에서의 수요량 12명에 1900원의 지불의사를 제시한 15명을 합한 27명이 된다. 동일하게 1700원에서의 수요량은 1900원에서의 수요량 27명에 1700원의 지불의사를 제시한 18명을 합한 45명이 된다.

2) 굴점수요곡선은 과점시장에서 가격의 경직성을 설명할 때 사용되는 수요곡선이다. 과점시장에서 균형을 이루는 과점가격이 P_0일 때 A 기업이 가격을 P_0 보다 높게 인상할 경우 다른 경쟁기업은 가격경쟁력 유지를 위해 기존 가격을 유지할 가능성이 높기 때문에 가격을 인상한 A 기업 상품에 대한 수요는 급격히 감소할 것이다. 이는 가격이 P_0 보다 높은 경우 과점기업 A의

수요곡선이 급격히 굴절되는 지점의 삼겹살 가격은 1500원으로 이 가격은 이마트가 처해있는 삼겹살 가격 상황을 잘 설명하고 있다. 대형마트의 삼겹살 시장은 이마트, 홈플러스, 롯데마트 등 3개 업체가 과점시장을 형성하고 있다. 이마트는 가격정책 시행 이전에 삼겹살을 1550원에 판매했다. 만일 이마트가 삼겹살 가격을 1550원에서 인상한다면 다른 유통업체와의 가격경쟁에서 뒤쳐지게 돼 큰 폭으로 고객이 감소될 것이다. 가격을 인하할 경우에는 다른 업체가 적극적으로 가격경쟁에 참여하게 돼 고객은 소폭 증가할 것이다. 1550원은 대형마트 삼겹살 시장의 경직된 과점가격이라고 할 수 있다. 과점가격에서 벗어나 삼겹살 가격을 책정한다면 가격 변화에 따른 고객 증감의 문제가 발생할 수 있다. 1550원에서 벗어나 가격을 인하해도 효과가 크지 않은 상황에서 이마트는 삼겹살을 980원에 판매 했다.

〈표 1〉은 가격 변화에 따른 수요의 변화량을 분석하기 위해 수요의 가격탄력성을 도출하였다.[3] 삼겹살 가격이 1500원에서 1700원으로 상승할 경우 수요의 가격탄력성은 −4, 1500원에서 1900원 이상으로 상승할 경우 −2.20, 1500원에서 500원으로

수요의 가격탄력성은 매우 탄력적임을 의미한다. 반면 A 기업이 가격을 P_0 보다 낮은 수준으로 인하할 경우 다른 경쟁기업도 가격을 인하할 가능성이 높기 때문에 수요의 변화량이 미미할 것이다. 이는 가격이 P_0 보다 낮은 경우 수요의 가격탄력성은 비탄력적임을 의미한다. 이와 같이 P_0을 중심으로 가격탄력성의 형태가 변하게 되어 수요곡선은 P_0에서 굴절한다.

3) 수요의 가격탄력성은 가격 변화에 대응하여 수요량이 얼마나 민감하게 변화하는지를 측정하는 지표로서 수요량의 변화율을 가격의 변화율로 나눈 값이다.

하락할 경우 -0.53으로 가격이 1500원보다 상승할 경우 가격탄력성이 탄력적이지만, 하락할 경우에는 비탄력적이다.

〈표 1〉 가격 변화 구간별 수요의 가격탄력성 계측 결과

가격 변화 구간	수요의 가격탄력성
1,500원 → 1,700원	-4.00
1,500원 → 500원 이하	-0.53
1,500원 → 1,900원 이상	-2.20

이마트 삼겹살 가격은 신가격정책 선언 이후 1550원에서 980원으로 인하됐다. 설문조사를 통해 도출된 굴절수요곡선을 이용하여 가격이 1550원에서 980원으로 하락할 경우의 가격탄력성은 -0.25로서 비탄력적이기 때문에 가격 인하를 통해 매출이 증대될 수 없다. 이는 36.8%라는 파격적인 할인은 고객을 자극하여 유인하려는 미끼상품 전략으로서의 목적이 크다고 점을 시사한다. 또한 '980'원 이라는 숫자는 구매심리를 자극하는 단수가격 전략odd pricing으로 해서할 수 있다.[4)]

이마트는 삼겹살에 기존의 할인율과 일반적인 판매가격을 파

4) 상품의 판매가격에 구태여 단수(일정한 수에 차고 남는 수)를 붙이는 것으로 판매가에 대한 고객의 수용도를 높이고자 하는 전략이다. 예로 10,000원 대신 9,989원이 판매가격이면 그 차이는 겨우 11원 이지만 소비자가 싸다고 인식하기 쉬우므로 심리적 가격 설정 전략이라고 할 수 있다. 과거에는 9,900원, 19,900원 등의 경우가 많았고, 최근에는 9,800원, 29,800원 등이 많이 이용 되고 있다. 단수가격 전략에 대한 자세한 사항은 이 책의 여섯 번째 주제인 •9900원 싼가요?•에서 확인할 수 있다.

괴하며 역마진 negative margin 가격을 책정했다. 대표상품에 파격적인 가격인하가 적용됐다. 이마트의 980원 삼겹살은 단순한 가격인하 상품이 아닌 미끼상품의 목적을 갖는 상품임을 알 수 있다.

이마트 가격정책의 성과

이마트는 자체적인 분석을 통해 가격할인 상품을 통해 성과를 얻었다고 판단하고 있다. 이마트와 함께 가격 경쟁을 벌였던 홈플러스와 롯데마트도 고객 증가와 매출 증가라는 성과를 얻었다(그림 5). 삼겹살전쟁 진행된 2010년 1월 7일에서 2월 6일까지 한 달간 대형마트의 고객 수는 전년 1월에 비해 이마트 3.1%, 롯데마트 2.3%, 홈플러스 5%가 증가했다. 이는 가격할인을 통

〈그림 5〉 삼겹살전쟁 전후의 대형마트의 매출액 및 객수 증감율

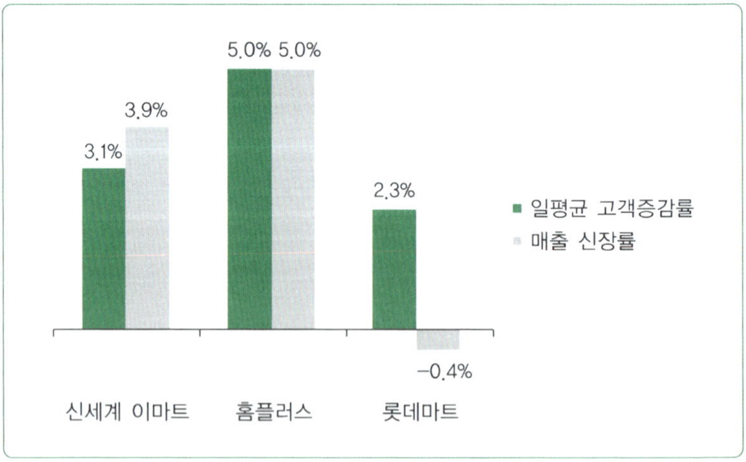

자료. 오마이뉴스(2010. 2. 8), 대형할인점 삼겹살 전쟁은 끝났지만

해 재래시장과 온라인, SSM(Super Supermarket) 등 다른 유통채널을 이용하는 고객을 붙잡는 데 성공했기 때문일 것이다. 고객수가 증가한 가운데 할인품목의 매출액 증가율은 삼겹살 419%, 우유 175%, 계란 187%로 대부분 작년 동기간에 비해 매출이 증가했다.

신세계가 공시한 2010년 상반기 실적을 보면 총 매출액은 전년 동기 대비 14% 증가한 6조 9,915억 원이고, 영업이익은 15.5% 늘어난 4,982억 원을 기록했다(표 2). 신세계는 '업태별 핵심가치 집중화 전략'이 성공적으로 추진된 덕분이라고 했지만, 이마트 부문에서는 신가격정책으로 인한 경쟁력 확보가 주효했다고 자평했다(한국경제, 2010. 7. 15). 이마트는 2010년 상반기 기존점을 기준으로 매출 4.6% 신장을 기록했고, 고객수는 3.8% 증가했다. 언론매체의 발표를 통해 볼 때 이마트는 '가격이 인하된 상품으로 소비자의 발길을 되돌리고, 매출을 신장'시킨다는 목표로 시행한 신가격정책을 통해 소기의 성과를 거두었다고 평가할 수 있다. 그리고 신가격정책의 목표 달성에 미끼상품인 980원 삼겹살이 의미 있는 기여를 했다고 볼 수 있다.

〈표 2〉 신세계의 2010년 상반기 실적

매 출		영업이익	
금액	전년 동기 대비 증감율	금액	전년 동기 대비 증감율
6조 9,915억원	14% 증가	4천 982억원	15.5% 증가

자료. 뉴스토마토(2010. 7. 15)

결론

대형마트 등의 소매업체는 미끼상품, 단수가격, 번들링 등 다양한 가격정책과 마케팅 전략으로 치열한 경쟁을 벌이고 있다. 경쟁에서 승리한 업체는 영업이익을 늘리고 시장점유율을 높일 수 있을 것이다. 그러나 이로 인해 소비자와 대형마트에 물품을 납품하는 공급자들의 후생이 증가하였는지는 미지수이다. 소비자의 경우 싼 가격에 물건을 구입할 수 있기 때문에 효용이 증가할 수도 있다. 그러나 소비 증가가 과소비로 인한 불필요한 지출로 이어지게 된다면 과연 소비자의 효용이 증가되었다고 말할 수 있을까?

납품업체의 경우 대형마트들이 가격을 인하할수록 납품단가를 낮춰서 공급해야 하는 압박을 받게 마련이다. 대규모 수요자인 대형마트들의 요구를 묵살할 수 없는 입장에서 많은 납품업체들은 난색을 표하고 있으며, 무조건 가격을 낮추다 보니 소비자들이 품질을 의심하여 곤욕을 치르는 경우도 있다.

우리는 삼겹살전쟁을 통해서 한 가지 자명한 사실을 깨닫고 교훈을 얻을 수 있다. 유혹적인 제품과 그 가격설정에는 모두 이유가 있기 마련이며, 그 구매여부의 판단은 소비자 개개인에게 있으므로 현명한 소비를 하여야 한다는 것이다. 또한 이러한 대형마트들의 가격정책이 사회 전체적 후생에 어떠한 영향을 미치게 될지에 대해서도 고민해 볼 필요가 있다.

미끼상품이란?

손실을 감수하며 판매하는 상품을 미끼상품이라고 한다. 미끼상품의 사전적 의미는 로스리더(loss leader)로 원가보다 싸게 팔거나 일반 판매가보다 훨씬 싼 가격으로 판매하는 상품을 총칭한다(부산일보, 2005. 11. 8). 미끼상품은 가격을 내세운 마케팅 방식이다. 상품을 원가 이하로 판매함으로써 생긴 손실(loss)로 고객의 방문을 유도하여 다른 상품의 판매를 촉진시켜 시장에서 우위(leader)를 차지한다는 것이다. 미끼상품은 고객을 유인하기 위한 마케팅기법으로 일반화돼 있다.

미끼상품은 고객이 생각하고 있는 가격보다 월등히 저렴해 고객의 시선을 바로 매장으로 유인할 수 있다. 고객은 매장으로 유인 됐을 때 '일관성 법칙'의 구매행위를 한다. 사람들이 자신의 행동이 일관되거나 일관되게 보이도록 하려는 경향을 일관성의 법칙이라고 한다(LG경제연구원, 2007. 7. 20). 상품을 사겠다고 마음을 먹고 매장을 찾게 되면 구매에 대한 자신의 행동을 정당화시켜주는 이유를 찾으며 구매행위에 적극적으로 임하게 된다. 미끼상품의 효과는 일관성의 법칙에 기대어 나타난다. 미끼상품을 구매하기 위해 매장을 방문한 후에는 일관된 행위를 하려는 경향이 미끼 상품뿐만 아니라 다른 상품도 구매하게한다. 만일 구매하려던 미끼상품이 없는 경우가 생기더라도 구매를 결심하고 매장을 방문했기 때문에 일관성 있게 행동하여 구매행위를 쉽게 포기하지 않는다.

남자 옷은 왜 여자 옷보다 비싼가?

김진철, 박동훈, 송수진, 장현수

「남녀탐구생활」이라는 모 케이블방송사의 인기프로그램에서 같은 옷을 사더라도 10분을 넘기지 않는 남자와 남자의 2~3배 이상의 시간을 들여 쇼핑을 하는 여자의 일화가 소개된 적이 있다. 이성 친구나 배우자가 있다면 이러한 남녀의 쇼핑습성의 차이에 공감할 것이다. 이 연구는 남녀 쇼핑습성의 차이가 옷 가격에 어떤 영향을 미칠지에 대한 궁금증에서 시작되었다.

남녀 옷 가격의 차이

남녀의 옷 가격은 얼마나 다를까? 남녀의 옷 가격 차이를 분석하기 위해 온라인과 오프라인 의류시장의 판매가격을 조사하였다.

오프라인 조사는 우리나라의 대표 의류시장인 동대문 시장에 위치한 2개 쇼핑몰(apm과 밀리오레)에 입점한 상점을 대상으로 실시하였다. 동대문 시장의 의류는 주로 보세의류(비브랜드 의류)로 브랜드가 가격에 미치는 영향을 최소화할 수 있고, 다수의 의류 점포가 입점해 있어 완전경쟁시장에 가깝기 때문에 동대문 시장을 조사대상으로 선택하였다. 품질이 유사한 제품을 비교하기 위해 프린팅 면 반팔 티셔츠, 체크무니 셔츠, 워싱 청 스키니진, 롱니트 가디건만을 조사 대상으로 선정하고, 점포 방문 시 표기된 최초 가격을 조사하였다.

온라인 조사는 2010년 3월 30일을 기준으로 순위 정보 사이트인 '랭킹닷컴'의 1~5위 사이트를 대상으로 실시하였다. 브랜드 효과를 최소화하기 위해 보세의류 판매 쇼핑몰 중 개별 사업자가 독자적으로 운영하는 쇼핑몰만을 조사하였다. 재질이나 디자인 등이 오프라인과 유사한 제품을 대상으로 가격을 조사하고, 제품이 다수일 경우 가장 저렴한 제품을 비교대상으로 선정하였다. 또한 쇼핑몰 선정의 공정성을 위해 G마켓, 11번가 등 오픈마켓 쇼핑몰 사이트는 제외하였는데, 이는 특정 오픈마켓 내 개별 쇼핑몰의 인지도 등을 다른 오픈마켓 내 개별 쇼핑몰과 비교하기 어렵기 때문이다.

조사결과 온라인 시장이 오프라인 시장에 비해 가격이 저렴하고, 온라인과 오프라인 모두에서 남성복이 여성복보다 최소 1.02배에서 최소 1.93배 비싸게 판매되고 있었다. 온라인에서는 남성복이 여성복에 비해 약 30~40%, 오프라인에서는 무려

80~90% 비싼 것으로 나타났다(표 1). 이러한 결과는 레이스나 큐빅 등 여러 가지 장식이 들어가는 여성복이 남성복보다 더 비쌀 것이라는 예상을 벗어나는 결과이다.

〈표 1〉 온라인과 오프라인에서 판매되는 남성복과 여성복의 가격 (단위 : 원)

구 분	온라인			오프라인		
	남자(A)	여자(B)	비율(A/B)	남자(A)	여자(B)	비율(A/B)
반 바 지	13260	9940	1.33	21200	12380	1.71
체크셔츠	26660	26140	1.02	37000	19800	1.88
스키니진	37660	28560	1.32	39800	21000	1.89
가 디 건	27860	19160	1.45	32400	16800	1.93

주. 가격은 온/오프라인 5개 매장의 평균가격임

그렇다면 남성복이 여성복보다 비싼 이유는 무엇일까? 남녀 옷 가격 차이에 영향을 미칠 수 있는 다양한 요인이 있겠지만, 이 연구에서는 탐색비용과 기회비용에서 해답을 찾고자 한다.

탐색비용과 기회비용

좋은 제품을 저렴한 가격에 구입하기 위해서는 여러 상품에 대한 정보를 조사하고, 조사된 정보를 비교, 분석하기 위한 시간과 노력이 따르는데 이를 탐색비용이라 한다. 의류 구매자가 많은 발품을 팔 경우, 즉 의류 구매자의 탐색비용이 증가할 경우 많은 정보를 획득함으로써 저렴하게 옷을 살 확률이 높아질 것이다. 그러므로 의류 구매 시 여성이 남성에 비해 많은 발품을 파는 경향이 있다면, 여성복이 남성복에 비해 저렴한 이유를 탐색비용을 통해 설명할 수 있다. 과연 그럴까?

미국의 의류 브랜드인 갭(Gap)에서는 흥미로운 실험을 실시하였다. 남녀 각각이 대형 쇼핑몰 중 갭의 매장에서 청바지를 한 벌 구입하기까지의 쇼핑경로와 소요비용 및 시간을 조사하였다(그림 1). 조사 결과 남성은 곧바로 갭 매장으로 가서 청바지를 구입하였고, 6분의 시간을 들이고, $33의 쇼핑비용을 지출했다. 이에 반해 여성은 갭 매장에서 청바지를 구입하기 전에 갭 매장 이외에 여러 다른 매장을 경유하였고, 그 결과 3시간 26분의 쇼핑시간을 들이고, $876어치의 옷을 구매하였다.

〈그림 1〉 남녀의 쇼핑경로와 쇼핑비용

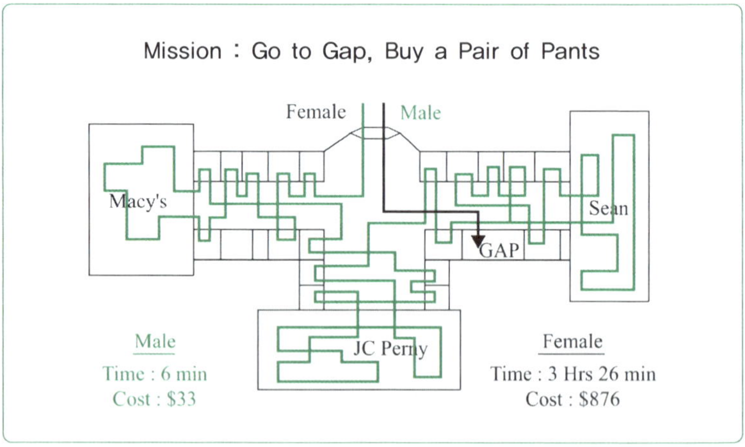

출처 : http://www.gap.com/

갭의 실험결과는 의류 구매 시 여성이 지불하는 탐색비용이 남성보다 높음을 의미한다. 발품을 통해 얻게 되는 편익만큼 탐색비용을 지불한다고 할 때 여성의 경우 탐색에 따른 기회비용이 탐색비용보다 작다고 인식하여 충분한 쇼핑시간을 투자한다고 볼 수 있다.

반면 남성은 의류구입을 위한 발품(탐색)을 통해 얻게 되는 편익 보다 이를 위해 포기해야 하는 시간 및 에너지(기회비용)가 더 크다고 인식하기 때문에 쇼핑과정에서 제품을 탐색하는데 드는 시간적, 물리적 비용인 탐색비용을 최소화 하려는 경향이 강한 것으로 보인다. 아마도 충분한 탐색을 하지 않아 비싸게 옷을 사더라도 탐색에 따른 시간 또는 노력을 아끼는 것이 합리적이라고 생각하기 때문일 것이다.

쇼핑에서 발품의 중요성에 대한 남녀의 인식 차이

이 연구에서는 갭의 실험을 확장하여 남녀 50명을 대상으로 쇼핑시간, 탐색(발품)의 목적, 남녀의 옷 가격이 다른 이유에 대한 인식 등을 조사하였다.

〈그림 2〉에서 보는 바와 같이 평균 쇼핑시간은 여성의 경우 평균 2시간 이상이라고 응답한 비율이 32%로 가장 높은 반면, 남성의 경우 2시간 이상 쇼핑을 한다고 응답한 비율은 7%에 그쳤다.

〈그림 2〉 남녀의 평균 쇼핑시간에 대한 조사 결과 (단위 : 명)

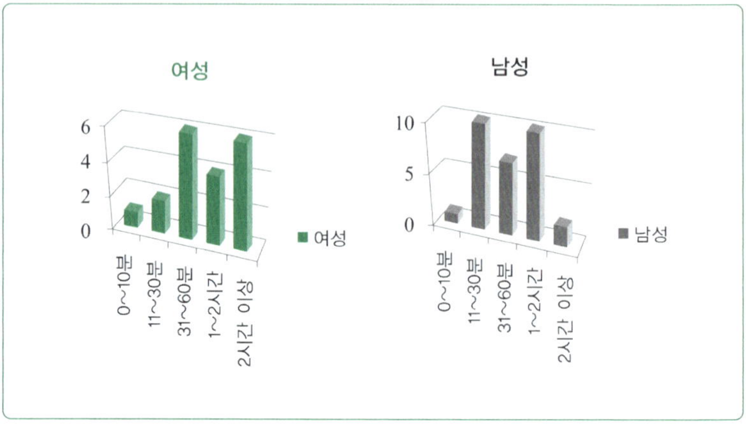

발품을 파는 목적으로 남성은 품질이나 디자인 등의 제품정보 획득을 목적으로 한다는 응답자 비중이 가장 높은 반면, 여성은 제품정보와 함께 가격정보 수집도 탐색의 중요한 목적이라고 응답하였다(그림 3).

〈그림 3〉 쇼핑 시 발품을 파는 목적 (단위 : 명)

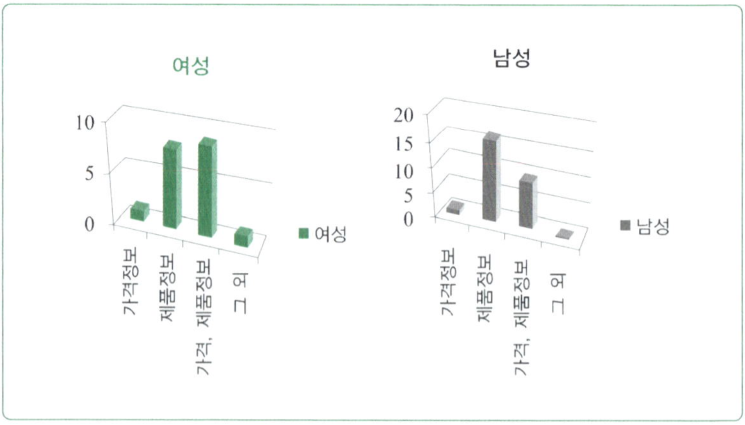

남녀 간 옷 가격 차이가 발생하는 이유에 대해 남성의 45%가 판매점 수가 적어서라고 답했고, 24%가 발품의 차이라고 응답하였다. 이에 반해 여성의 경우 50%가 발품의 차이라고 응답하였고, 40%가 판매점 수의 차이라고 답하였다(그림 4).

〈그림 4〉 남녀의 옷 가격이 다른 이유에 대한 인식 (단위 : 명)

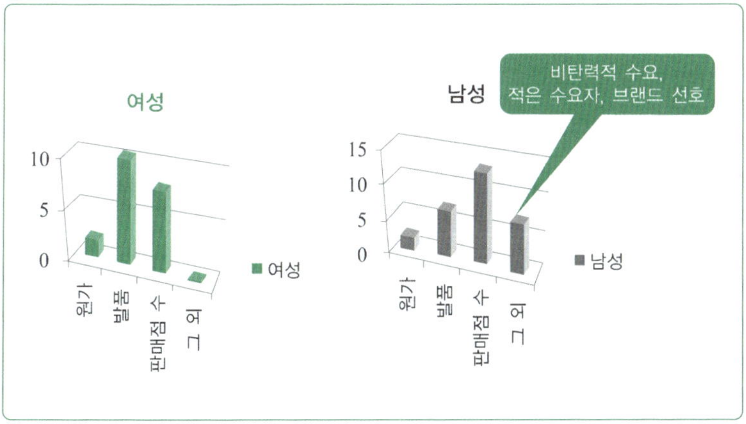

요컨대 탐색비용 지불에 대한 남녀의 성향 차이가 남녀 의류 가격의 차이로 이어진다고 볼 수 있다. 여성은 남성보다 쇼핑 시간과 동선이 길기 때문에 남성보다 의류 탐색에 더 많은 시간과 노력을 들이지만, 그 결과 가격이 저렴한 매장을 찾을 수 있기 때문이다.

탐색비용과 정보 경제학

제품의 공급자(또는 판매자)와 소비자 간에는 정보 비대칭이 존재한다. 공급자는 소비자에 비해 제품에 대한 정보를 많이 가지고 있다. 이에 따라 제품에 대한 정보를 많이 알고 있는 공급자가 소비자에 비해 가격결정력에 있어 우위를 점하기 쉽다.

탐색비용과 정보 비대칭은 밀접한 관계를 가진다. 일반적으로 탐색비용이 증가하면 정보 비대칭이 줄어들고 싼 가격에 상품을 구매할 가능성이 높아진다. 발품을 많이 팔수록 물건에 대해 잘 알게 되어 싸게 구입할 수 있는 것이다.

남성과 여성의 소비행태, 특히 탐색에 대한 적극성의 차이는 이러한 정보 비대칭성과 관련이 있다. 여성들은 탐색비용을 지불해 가면서 가격에 대한 정보를 적극적으로 탐색하고, 다른 대체재 상품의 존재 여부, 가장 저렴한 매장 등을 파악함으로써 구매를 원하는 상품에 대해 더욱 풍부한 정보를 얻게 된다. 이러한 적극적 정보탐색 행위는 공급자와의 정보 비대칭을 완화시켜 여성 소비자의 가격결정력을 향상시키는 역할을 한다.

그러나 남성의 경우 의류구매 시 정보탐색을 적극적으로 하지 않는다. 이에 따라 탐색비용은 감소하지만 적극적인 정보 탐색을 실시하는 여성들처럼 풍부한 의류시장의 정보를 얻을 수 없다. 정보 비대칭성이 존재하는 상황에서 이러한 남성들의 특성을 잘 이해하고 있는 의류 판매자는 남성 소비자와의 거래에서 우월한 가격결정력을 확보할 수 있게 된다.

결론

남녀의 성향차이는 탐색비용과 이에 대한 기회비용을 평가하는 행태와 관련이 있다. 의류구매 시 탐색비용 지불에 따른 편익보다 이에 대한 기회비용을 높게 평가하여 탐색을 꺼리는 남성의 쇼핑행태와 정보 비대칭성이 유사한 품질의 옷을 여성보다 남성이 비싸게 구입하는 데 영향을 미치는 것이다. 향후 이 연구의 결과를 더욱 확장시킨다면 가격차별 중 소비자에 따른 가격차별인 1급 가격차별과도 연관 지어 생각해 볼 수 있을 것이다. 이 연구가 소비자의 성향과 그에 따른 행동양식이 가격결정에 어떻게 영향을 미치게 되는지 알 수 있는 좋은 기회가 되었으면 하는 바람이다.

결혼시장에도 가격차별이 존재한다?

김석래, 전찬우

결혼 시장에 차별이 존재한다?

많은 젊은이들이 스펙 쌓기에 한창인 요즘, 결혼 시장에도 스펙 열풍이 불고 있다. 몇 해 전부터 등장한 결혼정보업체들은 성황리에 영업 중이고 많은 미혼자들이 더 좋은 배우자를 찾기 위해 결혼정보업체에 가입하고 있다. 이러한 세태에 대한 비판에도 불구하고 결혼정보업체가 성사시키는 결혼의 수는 점점 증가하는 추세이다.

재미있는 혹은 슬픈 사실은 결혼 시장에도 차별이 존재한다는 점이다. 결혼정보업체에 가입하고 만남 서비스를 제공받기 위해서는 회비를 납부해야 한다. 대부분의 결혼정보업체는 그들의 기준에 따라 등급을 매기고 등급에 따라 서비스 가격을 달리 한다. 높은 등급의 사람은 저렴한 회비를, 낮은 등급의 회원은 비싼 회비를 내는데, 이는 결혼 시장에서 만남 서비스에 대한 가격차별이 존재한다는 것을 의미한다.

경제학에는 3급 가격차별이라는 개념이 있다. 3급 가격차별이 이루어지기 위해서는 두 시장의 가격탄력성이 서로 다르고 한 시장에서 구입한 물건을 다른 시장에서 팔아 수익을 올리는 차익거래를 할 수 없어야 한다. 국제결혼 등의 특별한 경우를 제외하면 결혼시장이 국내 소비자들을 대상으로 형성되어 있지만, 소비자에 따라 가격탄력성이 다르다는 점을 고려할 때 3급 가격차별로 볼 수 있다.

그런데 결혼정보업체의 가격차별 정책은 이론적인 측면에서 이상한 점이 있다. 이론적으로 가격차별은 가격탄력성이 높은 사람에게 낮은 가격을 부과하고, 가격탄력성이 낮은 사람에게는 높은 가격을 부과하여 이익을 최대로 추구하는 전략이다. 그런데 결혼 시장에서의 가격차별 정책은 이론과는 정반대의 모습을 보인다. 등급이 높은 사람은 좋은 사회적 조건을 가지고 있는 사람으로 고소득자 또는 자산가일 가능성이 높기 때문에 가격에 대한 민감도가 그렇지 않은 사람보다 낮아 가격탄력성이 낮을 것이다. 따라서 가격차별 이론에 따르면 더 좋은 조건의 사람들에게 더 많은 회비를 받아야 한다. 이윤 극대화를 추구하는 기업이 역설적인 가격차별 정책을 사용하는 이유는 무엇일까?

결혼 시장에서의 차별의 예

국내 최대의 결혼정보업체 D사를 예로 들어 보자. D사는 연 매출이 약 200억 원에 육박하고, 결혼시장의 60%를 점유하는 선두 기업이다.

소비자가 D사에 가입하게 되면 D사의 기준에 따라 등급을 부여 받는데, D사에서는 이성이 원하는 배우자의 조건을 수치화해서 보여주고 있다(표 1). 흥미있는 사실은 D사의 기준이 이성이 원하는 배우자의 조건에 대한 설문조사의 결과와 어느 정도 일치하고 있다는 점이다.

D사의 등급 기준은 성별에 따라 다르다. 남성의 경우 직업이 30%로 가장 큰 비중을 차지하고, 연봉이나 재산과 같은 경제적 능력도 20%로 높지만, 외모의 비중은 10%로 작은 편이다. 이외 장남, 제사, 시누이 유무와 같은 집안환경도 변수로 작용하고 있으며, 흡연과 음주 빈도 같은 건강상의 문제도 중요하게 고려된다.

여성의 경우 남성과 달리 외모의 비중이 30%로 가장 높다. 직업, 집안, 재산의 경우 남성에 비해 세부점수 구분이 다양하지 않지만, 외모 점수는 상당히 세부적으로 구분된다. 항목 표에는 존재하지 않으나 남성의 경우 중요하게 언급되지 않는 나이도 중요한 변수이다. 흡연이나 음주빈도는 남성과 마찬가지로 중요하다.

〈표 1〉 D사의 남성과 여성에 대한 등급기준

구분	남성		여성	
	점수	세부점수	점수	세부점수
직업	30	• 30: 판검사, 벤처, 사장 • 25: 회계사, 변리사 등 전문직 • 20: 대기업 재직 • 15: 고위 공무원 • 10: 중소기업 재직	20	• 20: 연봉 3천만원 이상의 전문직 • 15: 연봉 2천만원 이상의 전문직 • 10: 연봉 2천만원 미만의 중소기업 사원
학벌	20	• 20: 서울대, 연대, 고대, 이대 • 15: 포항공대, 카이스트, 성균관, 숙명여대 등 • 10: 기타 서울 소재 대학, 지방 국립대 • 5: 기타대학	20	• 20: 서울대, 연대, 고대, 이대 • 15: 포항공대, 카이스트, 성균관, 숙명여대 등 • 10: 기타 서울 소재 대학, 지방 국립대 • 5: 기타대학
집안	20	• 20: 아버지 장, 차관급, 대기업 임원, 은행 지점장 이상, 교수 • 15: 부모 모두 대졸 이상이며, 중소기업 사장, 대기업 부장, 교직 • 10: 자영업	20	• 20: 아버지 장, 차관급, 대기업 임원, 은행 지점장 이상, 교수 • 15: 부모 모두 대졸 이상이며, 중소이업 사장, 대기업 부장, 교직 • 10: 자영업
재산	20	• 20: 본인연봉 5천이상, 부모재산 50억 이상 • 15: 본인연봉 3천이상, 부모재산 30억 이상 • 10: 본인연봉 2천이상, 부모재산 10억 이상 • 5: 본인연봉 1천이하, 부모재산 1억 이상	10	• 10: 대졸이상 부모로서 30억 이상 • 5: 대졸이상 부모로서 10억 이상
외모	10	• 10: 키 175cm 이상, 호감가는 인상 • 5: 키 175cm 이하, 호감가는 인상	30	• 30: 키 160cm 이상, 미인형 • 25: 키 155cm 이상, 미인형 • 20: 키 155cm 이상, 호감형 • 15: 키 150~155cm, 마른형 • 10: 키 150cm 미만

자료: 결혼정보업체 D사

그렇다면 D사의 가격 정책은 어떨까? D사의 초혼 서비스에 대한 가격표를 보면 연령에 따른 차이는 있지만, 동일한 서비스를 제공받는 경우 가격이 동일하다(표 2). 그러나 실제로는 더 높은 등급의 사람에게 할인혜택을 주고 있는 가격차별을 실시하고 있다. 이는 결혼정보업체가 높은 등급의 회원을 확보하기 위한 일종의 경쟁 전략으로 해석할 수 있다.

〈표 2〉 D사의 초혼 서비스에 대한 가격 정책

<table>
<tr><th colspan="2">클래식 회원</th><th colspan="3">일대일 회원</th></tr>
<tr><th>남 자</th><th>여 자</th><th colspan="2">남 자</th><th>여 자</th></tr>
<tr><td rowspan="2">24세~38세</td><td rowspan="2">20세~34세</td><td>A</td><td>39~41세</td><td>35~39세</td></tr>
<tr><td>B</td><td>42세 이상</td><td>40세 이상</td></tr>
<tr><td>전문대졸 이상
안정적인 직장</td><td>고졸이상</td><td colspan="2">전문대졸 이상
안정적인 직장</td><td>고졸이상</td></tr>
<tr><td colspan="2">가입비 980,000원</td><td colspan="3">가입비 A – 980,000원
B – 1,100,000원</td></tr>
</table>

자료. 결혼정보업체 D사

높은 등급 회원의 필요성

그렇다면 왜 결혼정보업체는 높은 등급의 회원을 확보하기 위해 노력하는 것일까? 우선, 결혼 시장에서 소비자는 자신이 소비자인 동시에 공급 대상인 상품이다. 결혼 시장은 공급자이면서 소비자이기도 한 두 남녀의 조건이 동시에 만족해야 거래가 성립하는 특이한 시장이다. 결혼 시장이 가진 또 하나의 특성은 어떤 상품도 동질적 재화가 아니라는 점이다. 물론 여타의 시장도 각 기업이 만들어 내는 상품이나 서비스의 품질이 각각 다르지만, 결혼 시장의 경우 그 차이가 일반적인 시장보다 훨씬 더 크다.

〈그림 1〉을 보자. 세로축은 남성의 수(비중), 가로축은 남성의 등급 점수이다. 결혼 시장에서 상품이면서 동시에 소비자이기도 한 남자의 공급 분포는 표준 정규 분포의 형태를 나타낼 것이다. 여성의 경우도 동일하게 중간층이 가장 많이 분포할 것이다.

그렇다면 수요의 분포는 어떨까? 결혼이 삶에서 가장 중요한 사안임을 고려할 때 소비자들은 여타 시장의 소비자들보다 훨씬 더 정보 탐색에 노력을 기울일 것이며, 자신이 정한 최소한의 기준에 미달되는 상품은 구매하지 않으려 할 것이다. 이에 따라 결혼 시장에서는 등급 점수가 높은 상대자에 대한 수요가 클 것이다.

결혼 시장의 공급과 수요 분포에 대한 개념도는 가상적이지만, 높은 등급의 상대자에 대한 공급과 수요의 차이가 매우 크다는 결혼 시장의 특징을 간단히 나타낸다. 또한 일반적으로 한 소비자가 하나의 상품만을 소비할 수 있기 때문에 상품의 공급이 부족하면 소비도 줄어든다. 결혼정보업체를 통한 결혼 시장은 이와 같은 구조적 특징을 가지고 있다.

〈그림 1〉 결혼 시장의 공급과 수요 분포에 대한 개념도

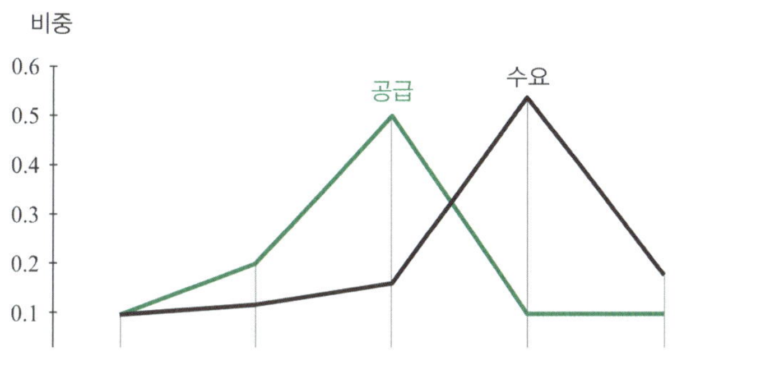

미끼 상품의 등장

결혼 시장의 공급과 수요의 역설을 해결하기 위해 결혼정보업체가 이용하는 전략이 미끼상품이다. 미끼상품은 미끼상품 자체를 판매하여 이윤을 내기보다 소비자를 유인한 후 다른 상품의 소비를 촉진시킴으로써 이윤을 극대화하기 위해 판매하는 상품이다. 예를 들어, 대형마트는 가격이 저렴한 미끼상품을 판매하여 소비자를 점포로 유인하고, 점포에 온 소비자가 마진이 높은 다른 상품을 구매하도록 한다.

결혼정보업체의 가격정책은 우수한 미끼상품을 확보하기 위한 전략으로 해석할 수 있다. 등급이 우수한 소비자들의 회비를 할인하거나 혹은 받지 않음으로써 이들을 자사의 회원으로 확보하고, 이렇게 확보된 회원은 훌륭한 미끼상품의 역할을 하게 된다. 등급이 월등히 우수하여 무료로 회원 가입이 가능한 소비자는

굳이 돈을 지불할 필요가 없으므로 결혼정보업체를 통해 결혼할 마음이 없더라도 회원으로 가입하게 된다. 이에 따라 결혼공급업체는 우수한 등급의 상품을 공급할 수 있게 되고, 소비자는 해당 결혼정보업체에 자신이 원하는 우수한 등급의 상품들이 많이 존재한다고 인식하여 우수한 상품의 소비를 위해 유료 회원으로 가입하게 된다. 그리고 결혼정보업체는 미끼상품을 이용하여 유료 가입자를 증대시킴으로써 이윤을 확보한다.

결론

결혼 시장에 존재하는 가격차별은 경제학에서 배우는 가격차별과는 다른 특이한 형태이다. 가격탄력성이 클 것으로 예상되는 우수한 등급의 예비 회원에게 낮은 가격을 받는 방식의 가격차별이 가능한 가장 큰 이유는 결혼 시장에서는 수요자가 곧 공급자이기 때문일 것이다. 근래에 들어 결혼정보업체를 통한 결혼이 증가하면서 결혼정보업체의 수와 가입자가 늘어나고 있다. 결혼정보업체에 가입해서 업체에서 제공하는 미끼를 바늘에 걸리지 않고 낚아챌 수도 있을 것이다. 그러나 쉽지 않은 일임에는 분명하다.

공짜폰은 공짜인가?

박빛나, 박유민

최신 휴대폰, 공짜로 드립니다.

오늘날은 공짜폰의 시대라고 해도 과언이 아니다. 우리는 주변에서 쉽게 '공짜폰'이라는 이름으로 팔리고 있는 휴대폰을 보고, 사고, 이용하고 있다. 최신기종의 휴대폰을 공짜로 판매한다는 핸드폰 대리점의 문구들은, 한시도 휴대폰을 손에서 놓지 않고 생활하고 있는 우리들의 귀에는 너무나도 매력적인 말이다. 그러나 '공짜폰'이 정말 공짜일까?

의무 약정제의 비밀

공짜폰이 진정한 의미의 '공짜'인지 알아보기 위해 우선 이동통신 시장의 특징을 살펴보자. 현재 우리나라의 이동통신 시장은 SKT, KT, LG U+ 3개 대형 통신사가 장악하고 있는 과점시장이다. 이동통신사업은 사업 초반에 기지국 설치 등의 막대한 고정비용을 필요로 하지만, 일단 모든 설비를 갖춘 이후에는 고객 한명을 추가로 유치하는 데 드는 한계비용이 거의 없는 사업이다. 그러므로 한 명이라도 더 많은 고객을 유치하는 것이 이동통신사의 수익과 직결된다. 그러나 〈표 1〉에 나타나는 바와 같이 이동통신시장 가입자 수의 증감률이 매우 미미하다. 신규가입자를 늘리는 것이 매우 어려운 상황임을 의미한다. 이러한 상황에

〈표 1〉 무선인터넷 가입자(단말기 보급대수) 현황

구 분		2008년 11월	2008년 12월	2009년 11월	2009년 12월	2010년 5월	2010년 6월
가입자 (천명)	SKT	21,296	21,138	23,295	23,337	25,072	25,146
	KTF/KT	13,663	13,692	14,624	14,705	15,539	15,594
	LGT	7,899	7,909	8,243	8,260	8,854	8,868
	합 계	42,859	42,740	46,163	46,301	49,465	49,609
월평균 증감율 (%)	SKT	-	-0.74	0.93	0.18	1.49	0.30
	KTF/KT	-	0.21	0.62	0.55	1.13	0.35
	LGT	-	0.14	0.38	0.21	1.44	0.16
	합 계	-	-0.28	0.73	0.30	1.37	0.29

자료. 한국방송통신위원회

서 이동통신 3사가 이윤 창출을 위해 고안한 마케팅 전략이 '공짜폰 전략'이다.

그렇다면 이동통신사는 어떻게 '공짜'로 휴대폰을 지급할 수 있는 것일까? 그 원리를 간단한 예를 통하여 알아보자.

〈그림 1〉에서 보는 바와 같이 휴대폰 판매 대리점은 40만원을 핸드폰 제조회사에 지불하여 기기를 사고, 이동통신사로부터 판매 장려금 명목으로 48만원을 지원받는다. 그러면 판매 대리점은 소비자에게 공짜폰을 지급하고 8만원의 마진을 챙긴다. 소비자가 월2만원을 휴대폰 이용료로 납부할 경우 이동통신사가 지원한 48만원은 24개월을 거쳐 다시 이동통신사로 회수된다. 이 경우 이동통신사는 소비자가 공짜폰을 적어도 24개월 이상 사용해야 판매 장려금으로 지원했던 48만원을 회수할 수 있기 때문에 의무약정제가 필요하다. 의무약정제란 휴대폰을 개통할 때 이동통신사의 서비스를 일정한 기간 동안 이용하는 조건으로 보조금과 요금할인 혜택을 받는 제도로서, 예시에서 의무약정 기간은 24개월이다. 실제로 소비자가 판매 대리점에서 공짜폰을 구입하면 그와 동시에 계약 기간에 준하는 의무 약정제에 가입하게 된다.

이와 같이 공짜인 단말기와 특정 요금제를 패키지로 묶어서 판매하는 방식을 번들링이라고 한다. 번들링은 두 개 이상의 다른 제품을 하나로 묶어 단일 가격으로 판매하는 방식으로 패스트 푸드점의 세트메뉴를 대표적인 예로 들 수 있다.

〈그림 1〉 공짜폰 지급 원리

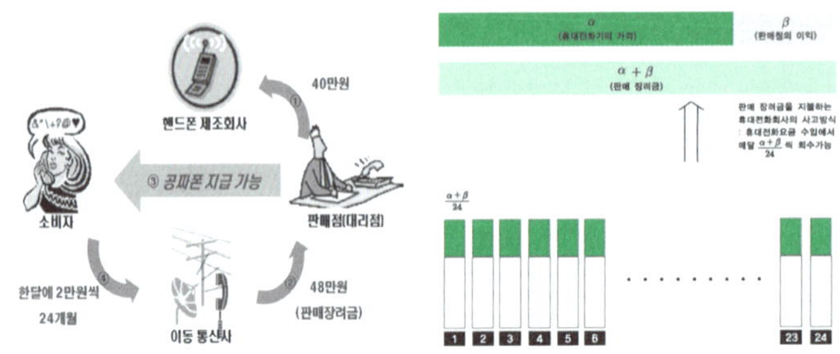

공짜폰은 정말 공짜일까?

이동통신 3사는 공짜폰과 의무 약정제를 번들링으로 판매하여 더 많은 신규 가입자를 유치하기 위해 애쓰고 있다. 그렇다면 번들링으로 구입한 공짜폰이 정말로 '진정한 공짜'인지 〈그림 2〉의 예시를 통해 알아보자.

〈그림 2〉 A씨의 이야기

A씨의 이야기

A씨는 우연히 핸드폰 대리점 앞을 지나가다가 자신이 평소 갖고싶다고 생각했던 **로맨틱 웨이브폰을 공짜로 판다는 판매원의 말**에 '이게 웬 떡이냐' 라며 당장 로맨틱 웨이프폰을 구입하였다. **2년 동안 사용하기만 하면 기기는 공짜**라는 달콤한 그 말.

A씨는 지금도 자신의 핸드폰을 어루만지며 미소짓고 있지만, **그 핸드폰은 정말 공짜일까?**

A씨는 로맨틱 웨이브 폰을 공짜로 구입하면서 약정요금제 중 하나인 T더블 요금제를 2년(24개월) 약정으로 가입했다. T더블 요금제는 350분의 무료통화를 할 수 있는 요금제다. A씨가 한 달에 350분의 통화를 한다는 가정 하에 로맨틱 웨이브 폰을 공짜로 구입했을 경우와 단말기 값 19만원을 지불하고 TTL표준요금제를 사용할 경우의 휴대폰 요금을 비교해 보자. 〈표 2〉에서 보는 바와 같이 두 경우를 비교했을 때 약정에 가입하고 공짜폰을 구매할 경우 소비자의 이득이 크다.

〈표 2〉 약정 시간인 350분을 통화할 경우의 휴대폰 요금 비교

구 분	TTL표준 요금제 (1초당 1.8원)	T더블 요금제 (정액 45000원)	차 액
한 달 요금	기본료 12000 + 21,000초 × 1.8원 = 49,800원	45,000원	T 더블 4,800원 저렴
2년 동안의 총 지불 요금	49,800 × 24개월 + 단말기 값(19만원) = 1,385,200원	45,000원 × 24개월 = 1,080,000원	T 더블 305,200원 저렴

그러나 350분의 약정 통화시간을 다 채우지 못한다면 어떨까? 실제로 2009년 1분기 SKT, KT, LGU+의 평균 발신시간은 191분이다. 평균 통화시간이 190분인 경우 오히려 19만원의 단말기 값을 지불하여 휴대폰을 구입하고 표준요금제를 사용할 때 소비자가 109,520원의 이득을 본다(표 3).

〈표 3〉 평균 발신시간(190분)을 통화할 경우의 휴대폰 요금 비교

구 분	TTL표준 요금제 (1초당 1.8원)	T더블 요금제 (정액 45000원)	차 액
한 달 요금	기본료 12000 + 11,400초 × 1.8원 = 32,520원	45,000원	TTL 표준 요금제 12,480원 저렴
2년 동안의 총 지불 요금	32,520 × 24개월 + 단말기 값(19만원) = 970,480원	45,000원 × 24개월 = 1,080,000원	TTL 표준 요금제 109,520원 저렴

약정 기간 동안의 화폐 가치 변화 등을 고려하여 2년 동안의 지불 비용을 현재가치로 환산해 보자. 현재가치 환산에는 최근 5년(2005~2009) 동안의 회사채 금리의 산술평균(연이율 4.282%, 월이율 0.357%)을 할인율로 적용하고, 복리계산을 하였다. 분석결과 소비자가 공짜폰을 구입하지 않고 단말기 값을 다 지불하는 경우 약 97,483원(= 1,036,598원 − 939,115원)을 절약할 수 있다. 요금이 같아지는 시점을 계산해보면, 약 15개월 시점에서 의무 약정과 일시불 요금이 같아지고, 그 이상 사용할 경우 TTL표준요금제가 더 저렴하다.

일련의 분석 결과는 공짜폰이 반드시 싼 것만은 아님을 반증한다. 물론 예시에서는 한 가지의 요금제만을 적용하고, 문자메시지 등의 서비스도 포함시키지 않았다. 그러나 공짜폰을 구입할 때에는 약정 계약을 할 뿐 아니라 사용빈도가 낮은 서너 가지의 부가서비스에 추가로 가입하기 때문에 공짜폰 사용에 따른 손실은 더 커질 수 있다. 이와 관련하여 방송통신위원회에 따르

면 2008년 휴대폰 가입자들이 사용하지 않고 납부한 부가서비스 사용료가 4700억 원에 달한다고 한다.[5)]

공짜폰이라고 해서 정말로 공짜는 아니다

공짜폰은 사실 진정한 의미의 공짜가 아니다. 개인 입장에서 약정할인제도와 표준요금제도의 금액 차이가 크지 않지만 기업에게 막대한 이익이 될 수 있다. 또한 가입자 수를 늘리기 위한 기업의 지나친 마케팅 비용(판매 장려금) 지출이 기업의 재무 건전성을 훼손하여 서비스 질이 저하될 경우 소비자 피해로 이어질 수 있다. 그러나 소비자의 통화량, 문자 사용량 등에 따라 약정할인제도가 결합된 공짜폰이 더 유리할 수도 있으므로 요금 제도와 자신의 통화 패턴을 꼼꼼히 분석하여 자신에게 유리한 방식을 선택하는 현명한 소비자가 되어야 할 것이다.

---

5) http://www.etnews.co.kr/news/detail.html?id=201003190061

양념 반 후라이드 반, 왜 비싸지?

변진영, 황재은

양념 반, 후라이드 반 주세요!! 흔히 치킨집에서 주문을 할 경우 반반치킨을 선호하는 소비자들이 많을 것이다. 비단 치킨 뿐 아니라 짬짜면, 짬볶밥 등 중국음식에서도 이러한 반반음식들을 쉽게 찾아볼 수 있다. 최근 출시된 반반피자도 소비자들에게 인기를 끌고 있다.

그렇다면, 반반음식의 가격은 어떻게 책정되는 것일까? 치킨의 예를 들어 보자. 후라이드 한 마리가 14,000원, 양념치킨이 15,000원일 경우 후라이드와 양념치킨 가격의 평균인 14,500원이 반반치킨의 가격으로 적절하다고 생각할 수 있다. 그러나 많은 경우 반반치킨의 가격은 양념치킨의 가격과 동일한 15,000원 수준으로 판매된다. 그 이유는 무엇일까? 이 연구는 이러한 궁금증에서부터 시작되었다.

번들링bundling과 반반음식

번들링의 일종인 반반음식은 식품에서만 찾아 볼 수 있는 독특한 사례이다.[6] 번들 상품은 저렴한 가격으로 묶음상품을 판매하는 것인데, 유독 반반음식은 묶음 상품이 더 높은 가격에 판매가 된다. 시중에서 판매되는 브랜드 치킨의 판매가격을 보면 반반치킨의 가격은 원래 상품의 평균보다 비싸게 책정되고 있다.

〈표 1〉 브랜드 치킨 판매가격 (단위 : 원)

구 분	후라이드	반반	양념
네네치킨	14000	15000	15000
보드람치킨	15000	16000	16000
둘둘치킨	14000	15000	15000
BBQ chicken	16000	17000	17000
페리카나치킨	14000	15000	15000
맘스맘 치킨 피자	11900	12900	12500
삼성통닭	12000	13000	13000

6) 반반음식은 각 음식의 양의 반씩을 묶어 판매 하는 것이기 때문에 번들이 아닌 새로운 상품으로 간주할 수도 있다.

반반음식 가격이 비싼 이유

1. 한계효용 체감의 법칙

한계효용 체감의 법칙은 한계효용곡선이 우하향하기 때문에 발생하는 현상이다. 〈그림 1〉을 보면 소비량이 증가할수록 총효용이 증가하고, 한계효용은 감소하다가 총효용이 극대가 되는 포화점에서는 한계효용은 0에 접근한다.

〈그림 1〉 소비량과 총효용, 한계효용의 관계

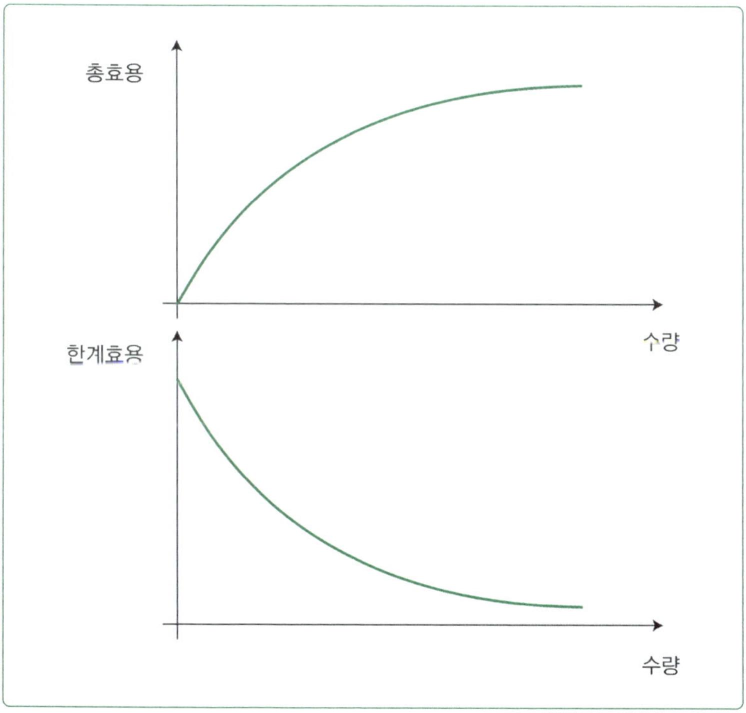

한계효용 체감의 법칙을 고려할 때 배고픈 사람에게 밥 한술은 꿀맛이겠지만, 점차 배가 불러올수록 밥 한술의 효용은 감소한다. 반반치킨을 먹을 경우 양념치킨과 후라이드 치킨을 번갈아 먹을 수 있기 때문에 동일량의 양념 또는 후라이드 치킨만을 먹을 경우에 비해 한계효용의 체감 정도가 작아질 수 있다.

2. 반반음식에 대한 높은 지불용의

반반음식은 단일음식보다 높은 효용을 주기 때문에 보다 선호될 것이며, 그렇기 때문에 반반음식에 대한 지불용의WTP, willingness to pay도 높을 것이다. 우리는 이러한 가설이 맞는지 조사하기 위해 남녀 340명(남 230, 여 110)을 대상으로 설문조사를 실시하였다. 응답자의 연령대는 21~30세의 비중이 50%로 가장 높고, 그 다음이 30대로 34%를 차지한다.

〈표 2〉에서 보는 바와 같이 반반음식에 대한 선호도 조사결과 중국음식과 피자의 경우 반반음식보다 단일음식에 대한 선호가 높지만, 치킨은 다른 음식들에 비하여 반반음식에 대한 선호가

〈표 2〉 반반음식에 대한 선호도 조사결과

음식 / 종류	치킨		음식 / 종류	중국음식	음식 / 종류	피자	
	혼자	여럿				혼자	여럿
후라이드	32%	12%	자장면	60%	단품	78%	56%
양념	18%	5%	짬뽕	28%	여러 가지	22%	44%
반반	50%	83%	짬짜면	12%			

높았다. 특히 여럿이 함께 취식할 수 있는 치킨과 피자의 경우 혼자 있을 경우보다 여럿이 함께 있을 때 반반음식에 대한 선호가 증가하였다.

반반음식과 단일음식에 대한 지불의사금액 조사결과를 보면 세 가지 음식 모두 반반음식일 경우 지불의사가 높게 나타났다. 피자와 중국음식의 경우 반반음식이 단품에 비해 선호는 낮은 반면 지불의사는 더욱 높게 나타나는 흥미로운 결과가 관찰되었다.

〈표 3〉 반반음식에 대한 지불의사금액(WTP)

음식 종류	치킨 (혼자)	음식 종류	중국 음식	음식 종류	피자 (혼자)
후라이드	13,512원	자장면	4,317원	단품	20,218원
양념	14,244원	짬뽕	4,833원	여러가지	22,106원
반반	14,356원	짬짜면	4,849원		

반반음식의 가격전략

소비자들의 선호와 높은 지불의사금액에 따라 각 기업들은 반반음식의 가격을 높게 책정하고 있다고 판단된다. 그렇다면 과연 이러한 가격정책은 이윤극대화라는 기업의 목적에 부합하는 것일까? 탄력성과 수요의 분포를 통해 이를 살펴보도록 하자.

본 연구에서는 설문조사 결과를 토대로 치킨에 대한 수요곡선과 가격별 탄력성을 도출하였다. 그 결과 치킨의 탄력성은 후라이드 치킨 2.962, 양념치킨 2.748, 반반치킨 2.727로 모두 탄력적 수요를 보였다. 이는 소비자들이 치킨을 소비할 때 치킨의 가격변화에 민감함을 의미한다. 즉 치킨은 기호식품으로서 치킨의 가격이 만족스럽지 못한 소비자는 치킨을 대신할 식품을 찾는 경향이 높다. 따라서 만약 반반치킨의 가격을 인하한다면 더 많은 소비자를 유인할 수 있다.

〈그림 2〉에서 보는 바와 같이 브랜드 치킨의 시중 평균 가격인 후라이드 14,000원, 양념 15,000원을 기준으로 나뉜 각 사분면에는 네 가지 형태의 소비자가 나타난다. 1사분면의 소비자들은 후라이드와 양념치킨에 대해 시중가격보다 높은 지불의사를 가지고 있다. 양념과 후라드에 선호가 큰 소비자들이다. 2사분면의 소비자들은 양념 치킨에 대한 지불의사가 시중가격보다 높은 집단이다. 이 소비자들은 후라이드보다 양념을 선호하는 소비자들이다. 3사분면 소비자들은 두 종류의 치킨에 대해 시중가격보다 낮은 지불의사를 가지고 있는 집단으로 가격만을 고려할 때 치킨을 소비하지 않는 집단이다. 4사분면의 소비자들은 후라이드에 대한 지불의사가 시중가격보다 높은 집단으로 양념보다 후라이드를 선호한다.

반반치킨의 시중가격은 양념치킨의 가격과 같은 15,000원이다. 〈그림 2〉에서 대각선 A는 반반치킨의 시중가격을 표시한 선이다. 대각선 A 위쪽의 소비자들은 현재 반반치킨을 소비하고 있는 집단이다. 대각선 A 아래쪽 집단은 반반치킨을 소비할 의사는 있으나 지불의사가격이 시중가격보다 낮아 반반치킨을 소비하지 않는 집단이다.

〈그림 2〉 치킨에 대한 지불의사 분포

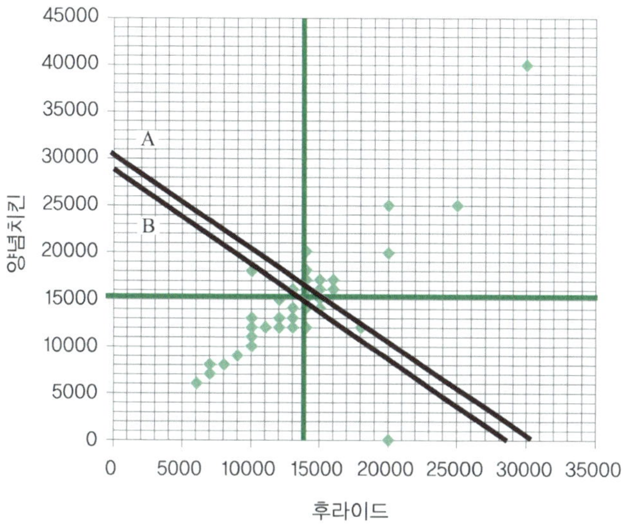

대각선 B는 후라이드와 양념치킨 가격의 평균인 14,500원을 표시한 선이다. 반반치킨을 14,500원에 판매할 경우 대각선 A와 B 사이의 소비자들이 반반치킨을 구매하도록 유도할 수 있다. 이 때 가격인하율보다 수요증가율이 크다면 기업에게 이익이고, 가격인하로 후라이드 또는 양념치킨만 소비할 의사가 있던 사람들까지 추가로 유인할 수 있다. 그런데 반반치킨의 가격탄력성이 2.727로 탄력적이기 때문에 기업은 가격인하로 수익을 증대시킬 수 있다.

결론

소비자들의 반반음식에 대한 지불의사 조사결과 단일음식보다 높게 나타났다. 반반치킨의 가격탄력성은 2.727로 매우 탄력적이기 때문에 치킨업체들은 반반치킨의 가격을 인하함으로써 이윤 증대를 꾀할 수 있다. 그러나 실제로 반반치킨은 단일음식보다 더 높은 가격에서 판매가 되고 있다. 이는 치킨업체가 번들링으로 인한 유인효과를 제대로 활용하지 못하고 있음을 시사한다. 향후 이 연구에서 활용된 방법과 결과가 반반치킨과 유사한 번들 음식의 가격 책정에 도움이 되었으면 한다.

번들링(bundling)이란?

번들링이란 제품 또는 서비스가 패키지화되어 판매되는 것을 말하는데, 복수의 제품이나 서비스가 개별적으로 존재하는 경우보다 두 가지 이상의 품목으로 결합 될 때 더욱 가치 있는 것으로 인식되거나 실제적으로 가치가 증대되는 것을 의미한다(Guiltinan, 1987). 매출의 증대와 수익성의 개념에서 요구되는 번들링은 판매자뿐만 아니라 소비자에게도 많은 이익을 가져다 준다. 판매자의 입장에서는 제품을 미리 준비할 수 있고, 생산 원가가 절감되며, 새로운 고객을 창출할 수 있다는 장점이 있다(Guiltinan, 1987). 소비자의 입장에서는 제품 구매에 투입되는 시간과 노력을 절약할 수 있고(Monroe, 1990), 개별 품목의 합보다 제품이 낮은 가격으로 제공되는 경우가 많기 때문에 경제적으로 이득이 된다.

9900원, 싼가요?

이나영, 이선미, 조이훈, 한보람

면바지 3종 세트 29,900원! 홈쇼핑을 보다 보면 자주 접할 수 있는 문구다. 왜 30,000원도 아니고 29,000원도 아닌 29,900일까? 100원의 가격 차이는 소비에 어떠한 영향을 미칠까? 이 조사는 이러한 궁금증에서부터 시작되었다.

단수 가격(odd price)

홈쇼핑이나 대형 할인마트에서 자주 볼 수 있는 9로 끝나는 가격을 단수 가격Odd Price이라 한다. 심리학적 가격 또는 0바로 아래가격 이라고도 불리는데, 주로 소매업자들이 가격을 책정하는 경우 많이 사용한다. 반면 0으로 끝나는 가격을 라운드 가격

round price이라 한다.

최근 업종에 관계없이 9900원 마케팅을 많이 활용하고 있다. 이는 마음만 먹으면 손쉽게 가격비교가 가능한 상황에서 숫자에 대한 소비 심리를 가격 전략에 활용하는 것이다. 숫자 마케팅이 소비자들에게 영향을 미치는 메커니즘은 간단하다. 예를 들어, '9,900원'은 4자리 숫자이지만, '10,000원'은 5자리 숫자이기 때문에 '9,900원'을 더욱 싸다고 느낄 수 있다. 또한 자리수가 동일하더라도 '29,900원'은 2로 시작하지만, '30,000원'은 3으로 시작하기 때문에 '29,900원'을 더 싸게 느낄 수 있다. 요컨대 실제 비용은 100원 차이지만, 심리적으로 소비자들은 이보다 더 큰 차이가 있다고 느낄 수 있다.

단수 가격 전략(odd pricing)과 소비의 관계

개별 기업의 매출 자료는 외부에 공개되지 않기 때문에 단수 가격 전략이 소비에 미치는 효과 분석이 쉽지 않다. 이와 관련하여 Schindler and Kibarian(1996)는 홈쇼핑 카탈로그를 구독하는 6,000가구에 단수 가격odd price이 제시된 카탈로그와 라운드 가격round price이 제시된 카탈로그를 각각 30,000권을 발송하여 해당 가구가 구매한 금액을 비교하였다. 조사 결과 단수 가격이 제시된 카탈로그를 받은 가구의 구매 총액은 78,317달러로 라운드 가격이 제시된 카탈로그를 받은 가구(72,529달러)보다 5,788달러 더 많이 구매하였다(표 1). 평균 구매 금액과 구매 금액의 중앙값 역시 단수 가격 카탈로그를 받은 가구가 라운드 가격 카탈로그를 받은 가구보다 높았다. 물론 다양한 가구 특성과 구매 당시의 상황 등이 통제되지 않은 상황에서 조사된 결과이기 때문에 구매 금액의 차이가 가격 전략에 의해서만 발생했다고 단정할 수는 없지만, 가격 전략의 차이가 일정 정도의 영향을 미쳤으리라 추측할 수 있다.

〈표 1〉 가격 유형에 따른 카탈로그별 판매조사 결과

구 분	카탈로그 종류	
	단수 가격 odd price	라운드 가격 round price
분배 부수	30,000권	30,000권
구매 총액($)	78,317	72,529
구매자 수	968명	921명
구매 금액 평균($)	80.91	78.75
구매 금액 중앙값($)	59.99	50.00

자료. Schindler and Kibarian(1996) 수정 후 인용

단수 가격 전략의 이론적 배경

단수 가격 전략은 소비자들이 단수 가격으로 표기된 상품이 상대적으로 싸다고 인지하는 심리를 이용하여 판매를 촉진하는 전략이다. 그렇다면 단수 가격 전략이 가능한 이유는 무엇일까?

소비자의 행동특성

단수 가격 전략에 영향을 미치는 소비자의 행동특성은 네 가지가 있다.

첫째는 소비자들의 반내림 경향이다. 소비자들은 가격을 보았을 때 숫자를 내림하는 성향이 있다. 예를 들어 '5500원'을 '5000원'으로 인식한다.

둘째, 가격을 인지할 때 시선이 왼쪽에서 오른쪽으로 움직이는 소비자들의 습관이다. '6900원'으로 표시된 상품을 인지할 때 제일 앞의 '6'을 먼지 인지하고, 그 다음 숫자인 '9'는 잘 인지하지 않는다.

셋째, 기억력의 한계이다. 소비자들은 한정된 기억을 가지고 있기 때문에 가격을 정확히 기억하지 못하고, 잘못 기억하는 경우가 많다. 예를 들어, '6900원'과 '9900원'으로 표시된 상품은 각각 6000원과 9000원 초반대의 가격을 지불하고 샀다고 인식한다.

마지막으로, 단수로 표시된 가격을 할인의 신호로 받아들인다. 예를 들어, '9900원'으로 표시된 상품은 원래 10000원으로 판매되는 가격인데, 할인을 받아 '9900원'으로 구매하게 되었다고 인식한다.

굴절수요

경제학에서 보통의 수요곡선은 우하향하는 형태로 표현된다. 그러나 수요가 일정 가격수준을 기준으로 급감하거나 급등하는 형태의 수요가 나타나기도 하는데, 이를 설명하는 수요곡선이 굴절수요곡선kinked demand curve이라고 한다.

굴절수요곡선의 극단적 형태는 계단형 수요이다. 계단형 수요에서 각 계단을 구분하는 값은 가격 임계치로 볼 수 있는데, 가격임계값 사이에서는 가격이 변해도 수요가 일정하게 유지되다가 가격 임계치 이후 수요가 급변한다. 〈그림 1〉에서 $2.89, $2.99, $3.09가 가격 임계치이고, ¢1의 차이임에도 가격이 $2.98에서 $2.99로 상승할 경우에는 수요 변화가 없지만, $2.99에서 $3.00로 상승할 경우 수요가 급감한다.

〈그림 1〉 굴절수요곡선 사례 : 계단형 수요

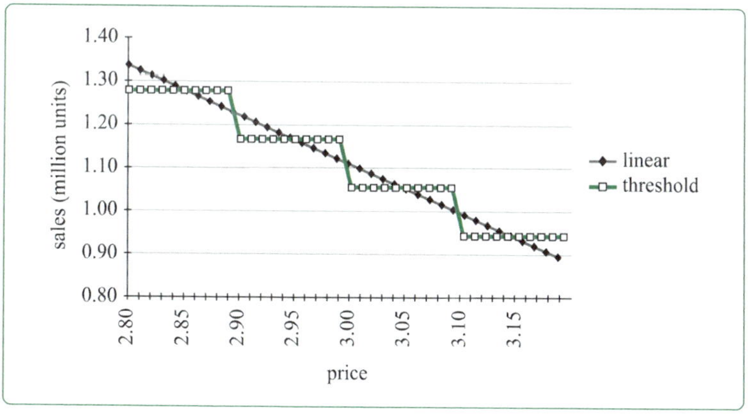

자료. Kalyanam and Shively(1998)

단수 가격 전략(odd pricing)의 효과에 관한 모의실험

단수 가격 전략이 구매에 어떤 영향을 미치는지 고려대학교 학군단 100명을 대상으로 설문조사와 실험을 실시하였다. 설문에서는 단수 가격으로 표시된 제품을 다르게 표시된 제품보다 훨씬 싸다고 느낀 적이 있는지, 실제로 단수 가격 제품을 '싸게 느껴서' 구매한 적이 있는지, 단수 가격이 자신의 소비를 증가시켰다고 생각하는지, 그리고 단수 가격으로 표시된 제품을 구매한 이후 어느 정도 가격에 구매하였다고 기억하는지 등을 조사하였다.

〈그림 2〉 단수 가격 전략의 효과 실험에 제시된 상품과 상품의 가격

〈단수 가격 표시 상품〉

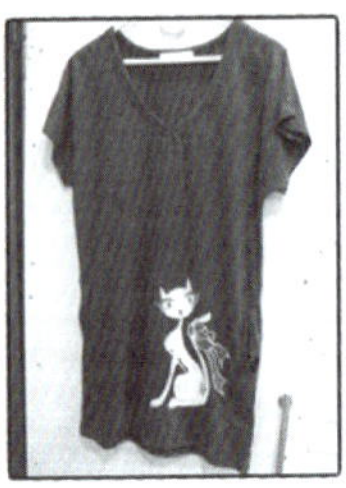

티셔츠 29,000원

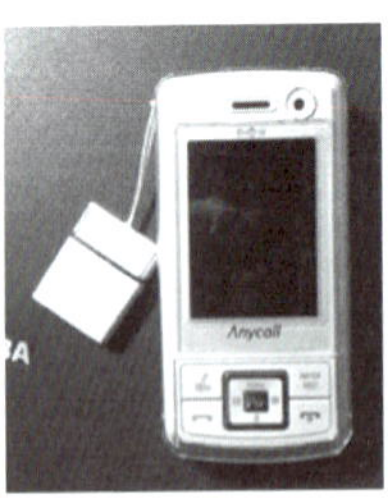

핸드폰 599,000원

〈라운드 가격 표시 상품〉

시계 50,000원

노트북 1,300,000원

실험은 학생들에게 〈그림 2〉와 같이 단수 가격으로 표시된 티셔츠(29,000원)와 휴대폰(599,000원), 라운드 가격으로 표시된 시계(50,000원)와 노트북(1,300,000원)의 사진을 보여주고, 기억력의 영향을 고려하여 5일 후에 각 상품의 가격을 어떻게 기억하고 있는지를 조사하였다.[7] 기억하고 있는 상품의 가격은 일정한 범위의 가격이 제시된 수직선 위에 표시하도록 하였다. 가격의 범위는 티셔츠 2~4만원, 시계 4~6만원, 핸드폰 50~60만원, 노트북 120~140만원이다.

설문 조사 결과 대다수가 단수 가격을 경험했고, 지금도 경험하고 있다고 응답하였다. 단수 가격이라는 용어는 생소하다고 응답하였지만, 19900원, 9900원 등을 예시로 제시한 경우에는 잘 이해하였다. 그리고 단수 가격은 주로 대형마트나 온라인 쇼핑몰 등 주변에서 쉽게 접할 수 있다고 하였는데, 이는 단수 가격이 생활 깊숙이 적용되고 있음을 시사한다.

전체 응답자의 86%는 단수 가격으로 표시된 제품이 다른 형태로 표시된 제품보다 싸다고 느끼고, 76%는 단수 가격으로 표시된 제품이 싸게 느껴져서 구매한 경험이 있다고 응답하였다. 그리고 74%의 응답자는 단수 가격 전략이 본인의 소비를 증가시킨다고 인식하였다. 단수 가격으로 표시된 제품을 구매한 이후 기억하고 있는 구매가격 수준은 원래 가격보다 싸다고 기억

7) 본 실험의 표본이 모두 20대 초반의 남자 대학생이라는 점은 표본의 한계이기도 하지만, 오히려 유사한 표본을 대상으로 실험이 진행되었다는 점에서 단수 가격 전략의 효과를 평가하는 데 유의하다고 생각한다.

하는 응답자가 48%로 비싸다고 기억하는 응답자(17%)보다 많았다.

실험결과 단수 가격으로 제시된 티셔츠(29,000원)와 휴대폰(599,000원)은 각각 평균 27,800원과 577,260원으로 제시되었던 가격보다 싸다고 기억하고 있었다. 그러나 라운드 가격으로 제시된 시계(50,000원)와 노트북(1,300,000원)은 각각 50,100원과 1,307,800원으로 제시된 가격보다 비싸다고 기억하고 있었다. 흥미로운 점은 단수 가격으로 제시된 티셔츠와 휴대폰의 경우 가격을 원래보다 싸게 기억하는 학생의 수가 비싸다고 기억하는 학생의 수보다 많았지만, 라운드 가격으로 제시된 시계와 노트북의 경우 원래보다 비싸다고 기억하는 학생의 수가 싸게 기억하는 학생의 수와 동일하거나 많았다. 이는 소비자가 단수 가격이 적용된 상품을 싸다고 인식한다는 소비심리학적 설명을 뒷받침한다.

〈표 2〉 가격 제시 방법에 따른 가격 기억 수준에 대한 응답 결과 (단위 : 명)

구 분	단수 가격		라운드 가격	
	티셔츠 (29,000원)	휴대폰 (599,000원)	시계 (50,000원)	노트북 (1,300,000원)
싼 가격으로 기억	32	49	11	10
정확히 기억	48	37	78	69
비싼 가격으로 기억	20	14	11	21
합 계	100	100	100	100

단수 가격 전략(odd Pricing) 적용사례

실제 공급자들은 단수 가격 전략을 어떻게 활용하는지 알아보기 위해 대형마트 MD와 인터뷰를 실시하였다. 인터뷰 결과 업계에서도 단수 가격 전략의 효과를 인지하고 있고, 이를 적극적으로 활용하고 있음을 알 수 있다.

〈표 3〉 단수 가격 전략 활용 현황에 대한 대형마트 MD 인터뷰 결과

Q1 대형할인마트에서도 단수 가격을 많이 적용하고 있는데요. 900 또는 9000 단위 중 가장 많이 쓰이는 액수의 단위는 무엇인가요?(즉, 천원단위 혹은 만원단위의 상품인지 등등)

A 가격대에 따라 약간 다릅니다. 채소와 같이 2,000원대 미만이 많은 상품은 990원 또는 1990원을 많이 사용하고, 과일같이 가격이 비싼 경우 9900원, 7980원과 같이 사용합니다. 요즘에는 "990원 야채"라고 해서 전략적으로 단량(규격)을 가격에 맞추는 방법도 마케팅으로 사용하고 있습니다. 주요 소비자는 젊은 층 주부와 혼자 사는 고객층을 타겟으로 틈새시장을 창출하고자 합니다.

Q2 어느 상품군에 단수 가격을 주로 적용하는지요?

A 시세 변동폭이 가장 심한 상품들(무, 배추, 삼겹살, 시즌과일 등)과 가격이 저렴한 상품들(시금치, 콩나물, 두부 등)에 많이 사용합니다.

Q3 단수 가격을 적용한 상품의 매대 위치도 신경을 쓰는 편이라면 주로 어느 쪽에 진열을 하는 편인가요?

A 주동선이나 시즌성이 강한 상품은 전면 매대(입구에서 가장 좋은 곳)에 진열하게 됩니다.

Q4 단수 가격 상품을 번들링을 했을 때 효과적인지 아니면 단독으로 판매할 때 효과적인가요?

A 단독으로 판매할 때 훨씬 효과적입니다. 번들일 경우에는 "증정"이나, "1+1"로 마케팅 하는 것이 훨씬 효과적입니다.

Q5 단수 가격과 라운드 가격 적용 시 매출액 차이는?

A 매출 차이는 상품군에 따라 다른데, 보통 가격 민감 상품은 5~10배까지 매출차이를 보이고요, 라운드 프라이싱일 경우에는 보통 2~3배 정도 매출이 나타납니다. 그러나 가격에 덜 민감한 상품은 보통 30~50%정도 상승하는 경우도 많습니다.

Q6 단수 가격에 반응하는 고객층은 주로 누구이며, 이들을 위해 어떤 프로모션을 펼치게 되는지요?

A 대부분 고객들이 마케팅 행사상품에 반응을 보이며, 주로 가격에 민감한 40~50대 고객층이 가장 민감하고, 서민층이 많은 지역일수록 민감합니다. 다만 품질을 선호하는 중산층 이상이 사는 강남권/목동/분당 지역은 품질에 더 민감합니다. 보통 시즌에 맞춰 상품기획을 하게 되며, 신선상품(농산물, 수산/축산물)과 같은 경우는 생산량이 가장 많은 시기와 맛이 가장 좋은 시기 위주로 프로모션을 진행하게 됩니다.

결론

단수 가격 전략은 대상 상품군, 가격대 및 공급자의 판매 전략에 따라 활용 빈도나 쓰임새가 다르다. 한 연구에 따르면 단수 가격 전략의 효과는 각 문화의 언어적 배경에 따라 달라지기도 하는데, 주어와 동사가 앞에 위치하여 메시지를 직접적으로 받아들이는데 익숙한 북미와 유럽 등의 하위 컨텍스트 문화low context culture의 나라들이 아시아와 남미 등 상위 컨텍스트 문화high context culture의 나라들에 비해 단수 가격 전략에 더욱 민감하게 반응한다고 한다. 그러나 어느 경우든 소비자의 심리를 이용한 단수 가격 전략이 효과적임은 분명한 사실이다.

단수 가격 전략은 소비를 증진시킨다는 점에서 공급자에게 매력적인 정책이다. 그러나 소비자 입장에서는 공급자의 정책에 현혹되어 과소비를 할 수 있다는 점에서 단수 가격 전략에 대해 신중한 판단이 필요하다. 소비자들은 숫자에 현혹되기보다 어떠한 상품이 자신의 효용을 극대화시킬 수 있는지 현명한 판단을 내려야 할 것이다. 마지막으로, 이 글을 통해 단수 가격을 처음 접한 독자들은 다음에 단수 가격을 만났을 때 이 글을 떠올려 현명한 소비를 할 수 있길 바란다.

참고문헌

이은영 (2003), "단수가격(Odd Pricing)에 대한 소비자의 태도에 관한 연구" 고려대학교, 석사학위논문.

Nguyen, A., Heller, R. and Taran, Z. (2007), "High-low context cultures and price-ending practices", Journal of Product & Brand Management 16: 205-214.

Gedenk, K. and Sattler, H. (1999), "The impact of price thresholds on profit contribution-Should retailers set 9-ending prices?", Journal of Retailing, 75: 33-57.

Kalyanam, K. and Shivel, T. S. (1998), "Estimating irregular pricing effects: A stochastic spline regression approach.", Journal of Marketing Research 35: 16-29.

Schindler, R. M. (2006), "The 99 price ending as a signal of alow-price appeal.", Journal of Retailing 82: 71-77.

Schindler, R. M. and Kibarian, T. M. (1996), "Increased consumer sales response though use of 99-ending prices." Journal of Retailing 72: 187-199.

강남 집값은 합리적인가?

이재상, 최석원, 남기은, 박창언

'버블 세븐', '강남 부동산 특수', '강남 집값대란' 뉴스에서 심심치 않게 접해 본 단어들이다. 강남의 집값은 우리나라의 높은 교육열과 부동산 투기 등의 지표로 사용될 만큼 여러 사회·경제적 변수들이 녹아들어 있는 가격이라고 할 수 있다. 그렇다면 과연 강남의 집값은 합리적일까? 이러한 의문에 대한 해답을 얻고자 본 연구를 시작하였다.

전문가 의견[8)]

한국에서 부동산 거품 붕괴에 대한 경고는 사실 새롭지 않다. 한국의 가구소득 대비 주택가격PIR, price to income ratio은 2008년 말 현재 6.26으로 미국(3.55), 일본(3.72)에 비해 두 배 가까이 높다. 범위를 서울과 강남으로 좁히면 거품은 더욱 확연히 드러난다. 직장 생활을 하는 노동자가 서울에서 100m²(33평형) 아파트를 마련하려면 37.5년, 강남에서 같은 크기의 아파트를 마련하려면 56.1년을 저축해야 한다는 분석이 있다.

반면 정부와 부동산 정보업체, 경제지 등 일부 언론에서는 '거품은 없다'고 주장해왔다. '부동산 불패론'이 매번 현실로 입증됐던 게 사실이다. '부동산 투기세력과 전쟁'을 선포했던 노무현 정부에서도 집값은 올랐고, 세계경제위기로 미국, 일본 등 다른 나라 집값이 다 떨어졌던 2008년과 2009년에도 일시적인 충격은 있었지만 서울 강남의 집값은 무너지지 않았다.

그러다 2010년 초부터 부동산 시장이 하락세로 접어들었다. 거래가 완전히 얼어붙은 가운데 시장엔 불안감이 엄습하고 있다. 현 국면이 끝을 모르고 치닫던 상승기가 끝나고 하락세로 접어든 변곡점이 될 것인가? 아니면 이명박 정부의 강한 부동산 경기 부양 의지가 다시 불쏘시개로 작용해 국면을 전환시킬 수

8) 본 절은 2010년 4월 22일 기고된 프레시안의 •부도상 거품 붕괴, 더 이상 전망 아닌 현실이다•의 일부 내용을 수정, 발췌하였다. 발췌된 기사는 선대인 김광수경제연구소 부소장과의 인터뷰를 정리한 기사이다.

있을까? 만약 부동산 시장이 대세 하락 국면으로 접어든 것이라면 거품 붕괴에 따른 고통과 피해를 최소화하는 방법인 무엇일까? 높은 집값 때문에 내 집 마련에 대한 희망을 빼앗겨 버린 대다수 국민들을 위한 주택정책은 무엇인가? 지금 부동산 시장에 던져진 숱한 질문들을 부동산 전문가들에게 물어봤다.

선대인 김광수경제연구소 부소장 하면 떠오르는 단어는 '부동산 대폭락'이다. 리먼 브라더스의 파산으로 시작된 미국발 금융위기 직후인 2008년 10월 「부동산 대폭락 시대가 온다」라는 책으로 논란을 일으켰던 장본인이기 때문이다. 책 제목으로 등장한 '대폭락'은 본인이 아니라 출판사 쪽에서 선택한 것이라고 약간의 억울함을 토로하기도 했지만, 이제 부동산 거품 붕괴가 시작됐다는 판단은 확고하다. "부동산 대세하락은 더 이상 전망이 아니라 현실"이라는 게 현 시장 상황에 대한 판단이다. 기본적으로 중요한 지지 세력이 강남 부동산 부자들인 이명박 정부가 2008년처럼 부동산 경기 부양책을 쓴다고 하더라도 반등의 에너지가 거의 남아 있지 않기 때문에 큰 흐름을 바꾸기는 어려울 것이라고 본다.

선대인 부소장이 걱정하는 것은 거품 붕괴의 충격이다. 거품이 크면 그만큼 붕괴 충격이 큰데, 이명박 정부는 2000년대 내내 이어진 거품이 빠지는 것을 인위적으로 막고 있다. "어느 정도 부동산 경착륙이 불가피한 상황인데 이런 식으로 가다가는 크래쉬 랜딩(불시착)할 수도 있다"고 걱정했다. 정부가 지금 당장의 고통을 피하려는 단시안적이고 무책임한 정책 결정으로 한국경제를 계속 왜곡시키고 있다고 그는 힘주어 말했다.

선 부소장은 정부가 6월 지방선거 등을 의식해 연 2.0%인 사상 최저금리를 당분간 유지하려는 것에 대해 비판했다. 현재 위기의 핵심은 800조 원에 달하는 가계부채인데 이를 외면하면서 저금리 기조를 이어가면서 건설사 부실을 가계로 떠넘기고 있다는 분석이다. 저금리 기조를 장기간 이어가는 것은 물가폭등 등 부작용을 낳을 수 있고, 결국 가장 큰 피해를 보는 것은 서민들이다.

한국의 부동산

선대인 부소장의 인터뷰에 나타난 바와 같이 여러 전문가들은 한국 부동산 버블의 붕괴를 우려하고 있다. 특히 한국의 경우 일본이나 미국 등 여타 선진국들에 비해 부동산 자산의 비중이 높은 만큼 그 파급효과 및 경제에 미칠 악영향은 상상을 초월하는 수준이 될 수 있다.

〈표 1〉 OECD 국가의 가계자산 중 비금융자산의 비중

한국	프랑스	영국	일본	미국
79.6%	67.9%	64.8%	46.4%	43.1%

자료. 통계청, OECD

그러므로 강남을 대표 사례로 하여 한국 부동산 전반의 버블 여부를 엿볼 수 있는 이번 연구는 미래 닥쳐올지도 모르는 위험

〈그림 1〉 강남과 전국의 아파트 매매가격지수 변동 추이(1993~2009)

(단위 : 2006년 = 100)

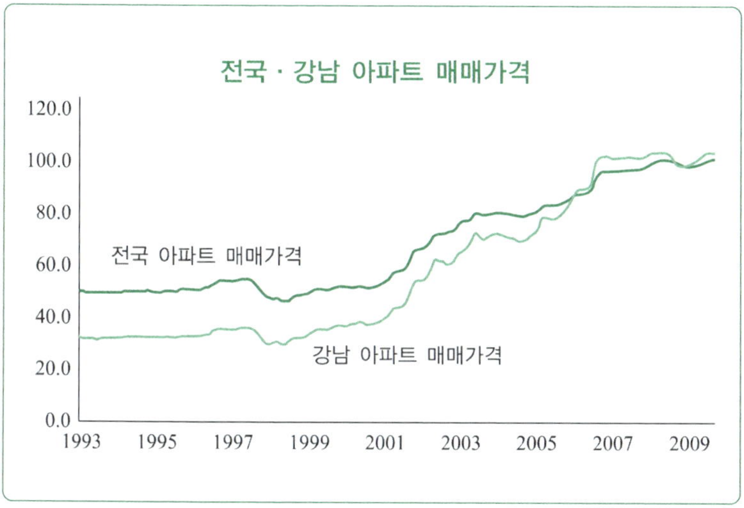

자료. 통계청

〈그림 2〉 주택가격 상승률 변동 추이(2004~2009)

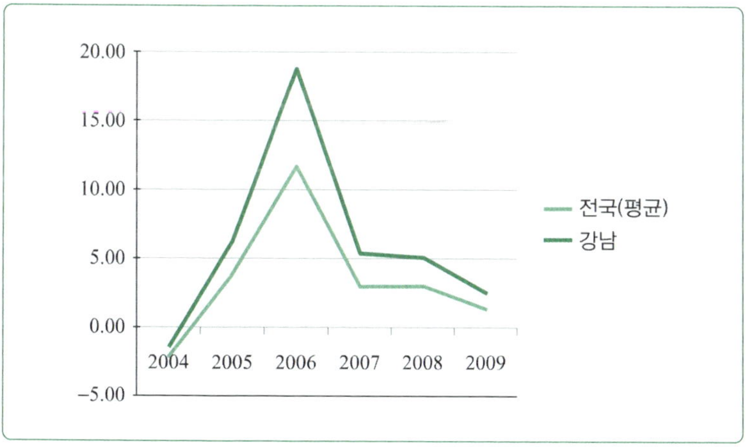

자료. 통계청

을 대비하는 수단을 마련할 수 있는 좋은 계기가 될 수도 있을 것이다.

강남 집값의 실증적 분석

우선 강남 집값의 변화방향 및 현 주소에 대해 알아보기 위해 강남과 전국의 집값을 실증적으로 비교, 분석하였다. 부동산 자산 중 가장 큰 비율을 차지하는 것이 주택(아파트)이고, 자료 수집이 용이하기 때문에 빌딩 및 토지 등의 다른 부동산을 제외한 주택 중 아파트 가격을 기준으로 분석을 실시하였다.

〈그림 1〉은 전국과 강남의 아파트 매매 가격을 비교한 그래프이다. 횡축은 기간, 종축은 매매가격지수를 나타내고, 기준년도인 2006년 가격을 100으로 설정하여 가격지수를 산출하였다. 2006년 이전에는 전국 평균 가격이 강남보다 높지만, 2006년 이후 강남의 아파트 가격이 전국 평균 가격을 상회하였다. 특히 2000년 이전까지 전국 평균 주택 가격과 강남 가격이 유사한 변동 추이를 보이지만, 2000년 이후 강남 가격이 전국 평균 가격보다 급격히 상승하는 추세를 보이고 있다.

강남 주택 가격의 상승률이 높다고 판단되는 2004년에서 2009년까지의 집값 상승률을 보면 강남 집값의 상승률이 전국 평균을 상회하고 있다(그림 2). 이는 강남 주택가격에 버블이 꼈을 가능성을 시사한다.

한국, 미국, 일본의 실질주택가격 상승률을 나타낸 〈그림 3〉를 보면, 한국의 경우 서울과 강남 지역의 가격 상승률이 전국 평균보다 월등히 높은 반면, 미국과 일본의 경우 대표적 대도시의 주택가격 상승률이 전국 또는 대도시 평균 보다 낮게 나타난다. 이는 전국 평균을 상회하는 강남 집값의 상승률이 주요 국가의 특성과도 다른 이례적인 현상임을 보여준다.

〈그림 3〉 한국, 미국, 일본의 실질주택가격 상승률 (단위 : %)

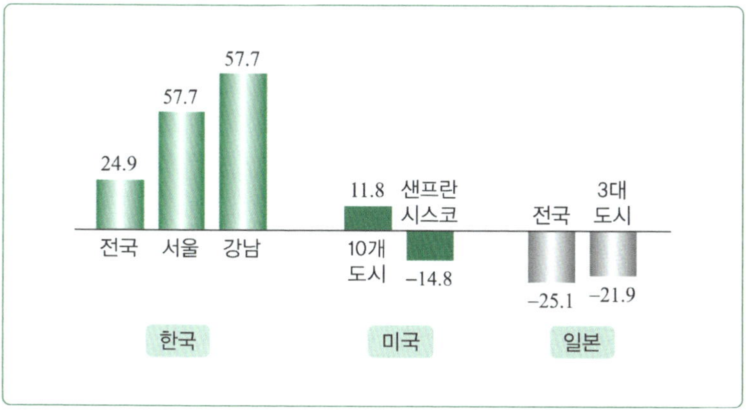

자료. 한국은행

강남집값의 합리성 검정

그렇다면 이러한 강남집값은 과연 합리적일까? 합리적 가격이란 가치를 적절히 반영한 가격을 의미하기 때문에 가격의 합리성을 검토하기 위해서는 강남 주택의 가치에 대해 살펴보아야 한다. 일반적으로 가치를 정량적으로 측정할 경우 헤도닉 가격 모형

hedonic price model을 많이 이용하지만,[9] 여기서는 분석의 편의와 자료수집의 한계를 고려하여 현재가치 모형present value model을 이용하여 강남 주택의 내재가치를 평가하였다.[10]

주택의 현재가치는 미래 기대수익을 인플레이션 효과를 제외한 할인율(r)로 나누어 산출할 수 있다. 이 연구에서는 임대소득(Y)을 미래 기대수익으로 설정하고, 할인율에서 인플레이션 수준을 나타내는 GDP 성장률(g)을 공제하여 인플레이션의 효과를 제거한 식 (1)을 이용하여 강남 아파트의 현재가치 V를 산출하였다. 식 (1)에서 도출된 강남 아파트의 이론적 가치(현재가치)는 기대수익을 고려한 합리적 가격으로 평가할 수 있다.

$$V = \frac{Y}{[r-g]} \quad (1)$$

〈그림 4〉를 보면 강남 아파트의 실제가격이 이론적 가격(현재가치)를 상회하는 가운데 실제가격과 이론가격의 괴리가 갈수록 커지고 있다. 이는 강남 집값에 버블이 존재할 수 있음을 반증하고, 버블의 효과로 가격과 가치 사이의 괴리가 커진다는 사실은 버블 형성에 따른 심각성이 가중되고 있음을 의미한다.

---

9) 헤도닉 가격 모형에서는 교육환경, 주변시설(문화, 체육, 여가 등), 교통 환경, 주택의 여러 가지 변수(넓이, 구조, 내구성) 등의 변수가 주택가격에 미치는 영향을 분석하고, 이러한 변수로 설명되지 않는 부분을 주택가격의 버블로 해석한다.

10) 현재가치 모형이란 어떠한 자산으로부터 기대되는 미래 수익을 적절한 할인율로 나눠줌으로써 자산의 현재시점에서의 가치를 도출하는 모형

〈그림 4〉 강남 아파트의 실제가격과 이론가격 변동추이(1993~2009)

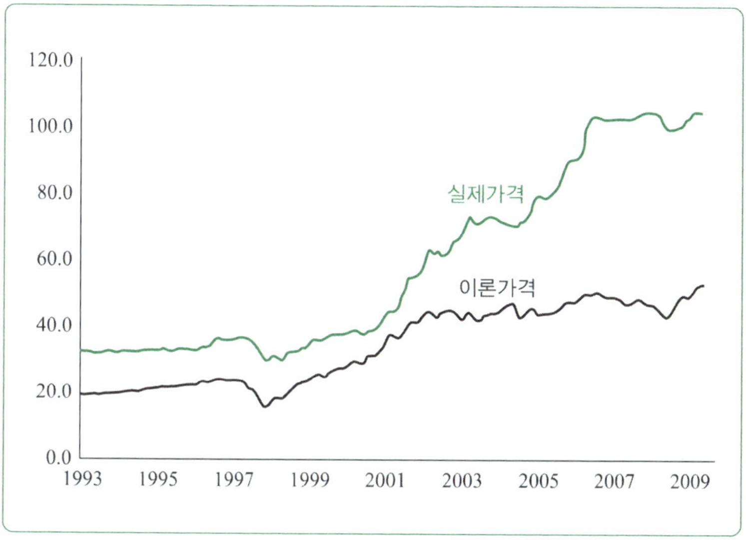

결론

이 연구에서는 현재가치 모형을 이용하여 강남주택 가격의 버블이 존재하는지를 검토하였다. 모형 적용 시 임대수익만을 고려했다는 한계가 있지만, 주택의 내재가치 중에서 임대수익이 차지하는 비중이 큰 것을 고려할 때 분석결과를 어느 정도 신뢰할 수 있다. 그리고 이 연구에서 이론적 가격과 실제가격의 차이를 버블로 단정할 수는 없지만, 버블의 존재 가능성을 시사한다는 점에서는 의미를 가진다.

현재 우리나라는 가계자산에서 부동산이 차지하는 비중이 비정상적으로 높을 뿐 아니라 많은 전문가들이 부동산 버블의 존재 및 붕괴를 우려하고 있는 상황이다. 이와 같은 상황에서 이 연구가 한국 부동산 시장에 대해 다시 한 번 생각해 볼 수 있는 계기가 되었으면 하는 바람이다.

등록금 1000만원, 적정한가요?

강승원, 김경진, 김동원, 이영주

2010년 1월 27일 16대 한국대학교육협의회 회장으로 취임한 이기수 고려대 총장은 취임식에서 "한국 대학 등록금은 교육의 질에 비해서 아주 싸다"라는 발언으로 사회 전반에 큰 파장을 일으켰다. 이 발언에 대해 누리꾼들과 일부 언론, 야당은 OECD 국가 중 2번째로 비싼 등록금을 책정하는 한국의 현실에 비추어 잘못된 발언이라고 이 회장을 강하게 비판했다. 등록금 발언 후 사회적인 비난 여론이 거세지자 이 회장은 "개인적인 사견"일 뿐이라며 그 의미를 축소했다. 이 해프닝은 우리 사회에서 대학 등록금 문제가 가진 민감성을 보여주는 좋은 사례이다.

이 같은 해프닝은 당사자인 대학 사회의 관점 변화와도 그 궤를 같이한다. 과거 학생 운동의 중심이 사회 민주화였다면, 오늘날 주된 이슈는 대학 등록금 인상률 억제이다. 학생들은 연 1000만원에 가까워진 대학 등록금으로 인해 대학 교육을 받을 권리가 제한되고, 더 나아가 사회의 불평등을 심화하는데 일조하고 있다고 주장한다.

정치권은 대학생 취업 후 학자금 상환제(ICL)를 통해 등록금을 취업 후에 갚을 수 있도록 제도화 하고, 등록금 상한제를 통해 인상률을 낮추려는 움직임을 보인다. 그러나 취업 후 등록금 상환제는 높은 이자로 인해 실효성이 의심되고 있고, 특히 애초 약속한 1000억 원 규모의 저소득층 성적 우수자 장학금도 불투명해져 비난을 면치 못하고 있다. 또한 등록금 인상률을 물가 인상률의 1.5배로 제한하는 등록금 상한제도 여야간의 이견과 대교협의 반대로 입법 추진이 되고 있지 못한 형편이다.

반면 대학 당국의 입장은 다르다. 현재 대학 등록금으로는 학교 운영에 필요한 재원을 충분히 조달하지 못한다는 주장이다. 숙명여자대학교 송기창 교수는 「대학재정 확충 및 활용방안에 대한 연구」에서 OECD국가의 GDP대비 고등교육 지원 비율은 평균 1.0%지만 우리나라는 0.5%에 불과해 타 국가 대비 국가의 고등교육 투자비가 적기 때문에 등록금 인상은 불가피하다고 주장하고 있다.

다시 말해 등록금 인상의 당사자들은 극명한 입장차를 보이고 있으며, 대학가는 매년 초 등록금 인상율과 관련한 갈등을 계속하고 있다. 우리는 등록금 결정의 원리에 대한 연구를 통해 갈등의 원인과 그 해결책에 대해서 생각해보고자 한다.

등록금은 어떻게 책정되나

등록금은 '교육 제공자가 수요자에게 서비스를 제공함에 따라 지불하는 가격'으로 정의할 수 있다. 우리나라의 대학 등록금은 국립이냐 사립이냐에 따라 그 구조가 조금 달라지는데, 사립대학의 경우에는 수업료로 한정되어 있지만 국·공립대학의 경우에는 수업료와 더불어 기성회비가 등록금에 포함되어 있다. 기성회비란 대학의 발전과 교육환경을 개선하는데 사용하는 자율적인 기금을 말한다. 사립대의 경우에도 1999년까지 기성회비와 수업료를 분리해서 징수했지만 1999년 대학 간 협의에 따라 수업료에 기성회비를 포함시키고 있다. 국 · 공립대 등록금 인상은 정부의 감시가 의무화되지 않은 기성회비의 징수가 그 핵심을 이루고 있다. 특히 일부 대학의 경우에는 기성회비가 수업료의 7배에 달하는 기형적인 구조를 가지고 있다. 2010년 전국 대학의 등록금 현황을 보면 사립대의 연간 등록금은 750만원으로 국

〈표 1〉 2010년 전국 대학 등록금 현황

구 분		연간등록금	학교수
전체평균		6,846천원	176 개교
설립	국공립대	4,478천원	23 개교
	사립대	7,541천원	153 개교
소재지	수도권	7,699천원	67 개교
	비수도권	6,385천원	109 개교

자료. http://ifblog.tistory.com/691

공립대의 1.68배에 달한다(표 1). 서울에 위치한 몇몇 사립대학의 등록금은 연 천 만원이 넘어간다.

그러나 학교 당국은 현 대학 등록금이 결코 높지 않다고 주장한다. 그 근거로 등록금 환원율을 든다. 등록금 환원율이란 학생 1인당 교육비를 1인당 등록금으로 나눈 비율이다. 대학 예산 관계자들은 등록금 인상에 대한 항의가 있을 때마다 높은 등록금 환원율을 이야기 한다. 실제로 전체 대학 평균 등록금 환원율은 120%에 이르며(표 2), 이는 학생이 낸 등록금보다 20%가 많은 교육비를 지출한다는 것을 의미한다.

〈표 2〉 전국 대학 등록금 환원율

구 분		학생 1인당 등록금	학생 1인당교육비	등록금 환원율
전체대학		5,713천원	6,857천원	120.0%
대규모 대학	수도권	6,479천원	7,881천원	121.6%
	비수도권	5,418천원	5,795천원	107.0%
	의대설치	6,070천원	7,818천원	128.8%
	의대미설치	5,815천원	5,319천원	92.7%
	평균	5,972천원	6,885천원	115.3%

우리 등록금은 과연 낮은가

그러나 대학 재정 운영의 측면이 아닌 가계 소득을 고려하면 이야기가 달라진다. OECD 교육 지표에 따르면 우리나라의 공립 및 사립대학의 등록금은 2007년 현재 연간 $4,717와 $8,519로 미국에 이어 OECD 국가 중 2위로 나타난다(표 3). 그러나 2009년 기준으로 우리나라의 1인당 실질 GDP는 $27,839로 OECD국가 중 23번째를 기록하고 있다(그림 1). 이에 따라 가계 소득 중 대학 등록금이 차지하는 비율도 미국에 이어 2번째로 높다. 특히 공립 대학의 경우 가계 소득대비 가장 높은 수준의 등록금을 유지하고 있다. OECD 지표에 따르면 우리나라의 등록금 수준은 세계에서 가장 높은 수준이다.

〈표 3〉 2007년 OECD 주요국의 대학 등록금 현황 (단위 : 달러)

구분	공립	사립	구분	공립	사립	구분	공립	사립
호주	4035	7902	프랑스	176~1173	-	뉴질랜드	2765	-
오스트리아	825	825	아이슬랜드	무상	2058~6449	노르웨이	무상	5124
벨기에	무상(5)	514~583	아일랜드	무상	무상	포르투갈	1180	4774
캐나다	3705	3705	이탈리아	1123	3866	스페인	844	-
체코	무상	-	일본	4279	6695	스웨덴	무상	무상
덴마크	무상	-	한국	4717	8519	영국	-	4694
핀란드	무상	무상	네덜란드	1707	-	미국	5666	20517

자료. OECD 교육연감(2007)

주. 사립 대학은 정부 의존형을 포함하고, -' 표기는 자료가 없다는 의미임

〈그림 1〉 OECD 국가별 PPP기준 GDP

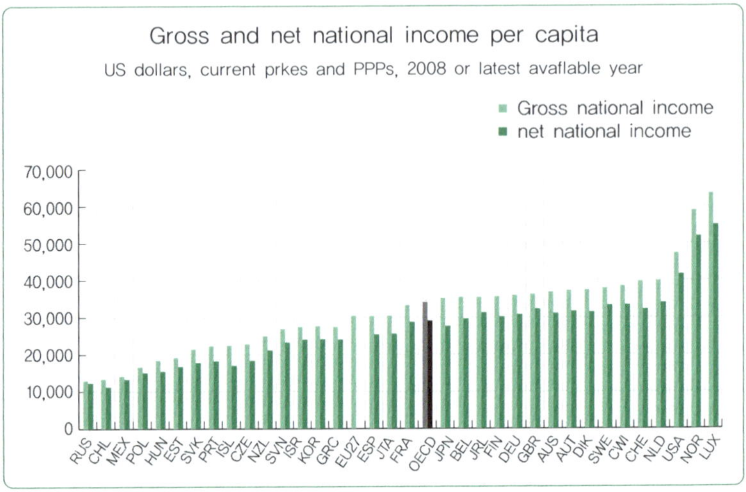

무엇보다 지금의 등록금 수준은 과거 어느 때보다 높다. 물가 수준의 지표로 흔히 쓰이는 GDP 디플레이터를 활용해 보면, 2005년 물가 수준을 100으로 할 때 1995년의 물가 수준은 85.4 정도 이다. 이는 10년간 물가가 약 17%정도 상승했음을 의미한다. 그리고 1인당 명목 GDP는 같은 기간 동안 $11,735에서 $17,531로 약 49.39%정도 상승했다. 그러나 〈표 4〉에 의하면 국립대의 등록금은 연평균 138.1만원에서 425.9만원으로 308.3% 상승했으며, 사립대의 경우도 연평균 352.2만원에서 799.6만원으로 245.8% 증가했다. 이는 지난 10년간 대학 등록금이 물가 에 비해 월등히 높은 수준으로 상승해 왔으며 등록금이 1995년 가계에서 차지하던 비중보다 2005년 가계에서 차지하는 비중이 월등히 높아졌음을 의미한다.

〈표 4〉 물가상승률과 등록금 상승률

구 분	1995	2005	2009	상승률	
				1995~2005	2005~2009
물가수준 (GDP디플레이터)	85.4	100	108.4	17%	8.4%
사립등록금	325.2만원	799.6만원	1004.9만원	245.8%	25.67%
공립등록금	138.1만원	425.9만원	464.9만원	308.3%	9.15%
1인당 명목 GDP	11,735달러	17,531달러	17,175달러	49.39%	-2.10%

자료. 통계청 자료 및 교육통계 서비스 자료 자체 편집

요약하면 등록금 환원율로 미뤄봤을 때 우리의 등록금은 높지 않다. 그러나 현재의 등록금 수준은 전 세계와 비교해서 절대적, 상대적으로 높은 수준이며, 과거 우리나라 데이터와 비교해 보았을 때도 가계소득 대비 가장 높은 수준임을 알 수 있다.

왜 등록금은 오를 수 밖에 없는가

등록금 상승의 원인은 크게 공급자 측면과 수요자 측면 두 가지로 생각할 수 있다. 먼저 공급자 측면에서 바라보면, 가장 큰 이유로 국가의 열악한 고등교육 투자를 꼽을 수 있다. 〈표 5〉에 따르면 OECD 국가들은 평균적으로 전체 GDP 대비 1.1%, 전체 고등교육 투자비 대비 76%를 국가에서 지불하고 있다. 반면에 한국은 GDP 대비 0.6%, 전체 고등교육 투자비 대비 23%만을 지출할 뿐이다. 이는 곧 대학 재정의 높은 등록금 의존도로 이어진다. 박

현철 외(2007)가 수행한 「고등교육기관의 재정분석연구」에 따르면 국·공립대의 경우 재정의 23.3%, 사립대의 경우 평균적으로 57.3%를 등록금 수입에 의존한다. 특히 사립대학의 경우 등록금이 대학 재정에서 차지하는 비중이 월등히 높음에 따라 등록금 상승이 건전한 재정 유지를 위한 가장 현실적이고 손쉬운 방법으로 쓰이고 있는 것이다. 세계에서 가장 등록금이 높은 미국의 경우에도 사립대학에 대한 정부 보조 비율은 17.6%로 우리나라 사립대 평균인 6.4%보다 3배 가까이 높다.

〈표 5〉 세계 주요국의 고등교육 부담 비율

구 분	공부담	사부담	계
한 국	0.6(23%)	2.0(77%)	2.6(100%)
프랑스	1.1(86%)	0.2(14%)	1.3(100%)
일 본	0.5(40%)	0.8(60%)	1.3(100%)
영 국	0.8(70%)	0.3(30%)	1.1(100%)
미 국	1.2(43%)	1.6(57%)	2.9(100%)
OECD평균	1.1(76%)	0.4(24%)	1.4(100%)

자료. OECD 교육연감(2006)

이런 차이는 결국 고등교육에 대한 사회와 정부의 인식의 차이에서 비롯된다고 할 수 있다. 전통적으로 우리 사회에서 '대학'은 사유재 private good 의 성격을 지닌 재화로 인식되었다. 실제로 1990년까지 우리나라의 고등 교육 진학률은 33.2%로 10명 중 3명만 대학 교육을 받았을 뿐이었다. 그러나 2009년 현재 고등교육 진학률은 84%에 육박하고 있다. 거의 10명중 9명이 대학에 진학하고 있는 상황에서 고등 교육에 대한 사회의 인식 변화가 요구된다.

실제로 대부분의 OECD 가입국은 고등교육에 대한 국가의 지원을 강화하여 학생이 고액의 학비 부담으로 고등교육에서 배제되지 않도록 하고, 고등교육이 공공재 역할을 수행할 수 있도록 한다. 이는 교육이 양(+)의 외부효과를 발생시키는 재화라는 인식이 깔려 있기에 가능한 일로, 국가의 적극적 지원으로 고등교육이 낮은 가격으로 적정하게 공급될 수 있는 것이다. 결국 고등교육에 대한 정부의 철학 차이가 사적 고등교육 부담의 차이로 나타난다고 할 수 있다.

사립대의 높은 이월 적립금도 공급 측면의 등록금 상승 요인이다. 〈표 6〉에 의하면 2008년 현재 고려대학교는 1800여억 원의 이월 적립금을 유지하고 있고, 이화여자대학교의 경우는 5000억 원이 넘는 이월 적립금을 유지하고 있다. 학교 측은 이월 적립금이 기타 운영 수입을 통해 남은 돈으로 등록금과 관련이 없다고 주장하고, 미국 유명 사립대학의 펀드 운용의 예를 들며, 이월 적립금의 투자와 그에 따른 이익을 통해 학교 교육환경 개선을 꾀한다고 말한다.

그러나 이는 실수요자인 학생의 입장에서는 납득하기 어렵다. 먼저 사기업이 아닌 공익을 위한 재단 법인인 학교는 근본적으로 학생의 교육받을 권리를 실현해야 한다. 고등교육 이월 적립금을 통해 학교 교육 환경이 개선된다고 하더라도 이는 미래의 학생을 위한 투자일 뿐이다. 등록금을 내는 학생의 입장에서는 미래의 환경 개선보다는 높은 수준의 고등 교육비가 줄어드는 것이 더 시급한 문제라고 할 수 있을 것이다. 만약 고려대가 이월 적립금 383억 원의 50%를 등록금 인하에 사용한다면 15,826명의 학생이 연간 약 120여만 원의 비용을 절감할 수 있게 된다. 미래 시설 투자 및 변화하는 환경에 대비하는 비용 적립은 불가피 할 수 있다. 그러나 그 활용에 있어서 고등교육기관이 추구해야 할 가치를 다시 한 번 생각해 봐야 하지 않을까?

〈표 6〉 서울지역 주요 사립대학 이월적립금

학교명	누적적립금(2008)	학교명	누적적립금(2008)
고 려 대	1811억원	이화여대	4458억원
성균관대	1344억원	중 앙 대	556억원
숙명여대	1658억원	홍 익 대	4294억원
연 세 대	4459억원		

수요 측면에서는 한국의 높은 교육열이 등록금 상승의 한 축으로 작용하고 있다. 사농공상으로 대변되는 조선왕조 500년의 사회 구조는 사회적, 경제적으로 우월한 지위에 서기 위해서는 높은 수준의 교육을 받아야 한다는 인식을 가져왔다. 그리고 이런 문화적 전통은 우리나라가 85%에 육박하는 높은 대학 진학률을 기록하게 했다. 비단 문화적 배경뿐만 아니라 점점 커지는 학력별 임금 격차도 대학교육에 대한 수요를 높이는 중요한 원인이다. 대졸자와 고졸자 사이의 임금격차는 해가 지날수록 커

지고 있다(그림 2). 이에 따라 고등교육이라는 재화는 중산층에 진입하기 위한 필수재가 되어 공급자가 가격을 올려도 수요가 크게 감소하지 않기 때문에 등록금 가격결정력에 우위를 점하고 있는 대학 당국이 등록금을 상승시킬 수 있다는 것이다.

〈그림 2〉 학력별 근로소득 격차

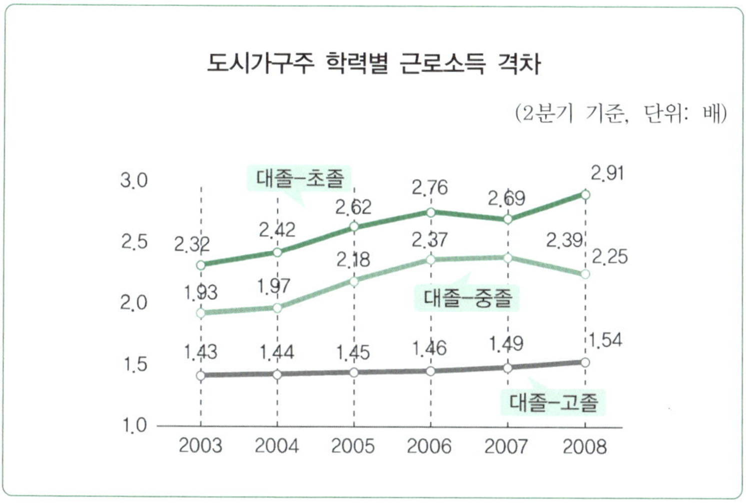

자료: 통계청

등록금 인하 방안에 대한 제언

등록금 인상을 최소화하기 위해서는 국가의 고등교육 재정 확대가 절실하다. 우리나라의 고등교육 공교육비는 공부담이 0.6%, 전체 교육비에서 23%에 불과하다. 이는 OECD 국가 평균인 GDP 대비 1.1%, 전체 고등교육 대비 76%에 크게 미치지 못하는 수치다. 우리는 최빈국에서 현재의 위치까지 오는데 고등교육의 힘이 있었다는 것을 잊어서는 안 된다. 부존자원이 없는 우리나라에서 현재의 발전을 이룩한 것은 고등교육을 통한 양질의 인적자원 확보라는 점은 의심의 여지가 없다. 그러나 우리나라는 고등교육에 대한 책임을 개인이 져왔고 그 부담이 커지고 있는 추세이다. 이제는 그 부담을 사회 전체가 나누어야 할 시점이다.

더불어 한정된 재원의 선택과 집중을 위해서는 대학 지원의 선택과 집중이 필수적인 요소이다. 1996년 대학 설립 자율화 이후 대학의 숫자는 기하급수적으로 늘어났다. 그러나 과연 이들이 모두 고등교육기관으로서의 역할을 해왔는지는 의문이다. 교육의 질을 나타내는 지표중 하나인 교수 1인당 학생 수는 오히려 늘었고, 지방의 일부 대학의 경우는 정원조차 채우지 못하고 있는 것이 현실이다. 최근 정부가 30개 부실대학 명단을 발표한 것과 같이 옥석을 구분해서 지원하는 것이 중요하다. 모든 학생들의 수요를 충족시킬 만큼 많은 대학도 중요하지만, 학생들이 제대로 된 대학에서 적당한 등록금으로 고등교육을 받을 수 있는 것이 사회 전체의 후생을 위해서나, 학생들의 교육권 보장에 있어 더 긍정적으로 작용할 것이다.

한정된 자원을 효율적으로 사용하기 위해서는 자격을 갖추지 못한 모든 사립교육기관에 지원하기 보다는 일정한 기준 이상의 대학에만 지원금을 지급함으로써 대학 교육의 질을 강화시키는 것이 더 현명할 수 있다.

이와 더불어 소액 기부금을 통한 민간 장학금 확충도 간접적으로 학생들의 등록금 부담을 낮추는 수단이 될 수 있다. 대학 동문 혹은 지역 사회의 소액 기부를 통한 장학금 형성은 이미 포화상황에 이른 기업 기부와는 다른 수입원으로 대학 재정에 기여할 수 있다. 연세대학교 상경대학에서 진행하고 있는 '블루 버터플라이' 운동의 경우 단과 대학 동문들이 매일 천 원씩 기부해 학생들에게 장학금을 지급하고 있다. 블루 버터플라이제도에서 주목할 것은 소액 기부를 통한 참여의 기쁨을 제공한다는 것이다. 수혜자와 기부자가 서로의 신상에 대해서 알 수 있고, 인터넷 사이트를 통해 지속적인 상호 소통을 할 수 있다는 점은 기부자에게 보람과 즐거움이라는 효용을 준다. 우리 사회에서 기부를 꺼리게 되는 이유는 거액의 기부만이 존경받고 인정받을 수 있는 것으로 인식되기 때문이다. 블루 버터플라이 운동은 소액 기부자의 참여를 유도하고 보람을 느낄 수 있게 해 줬다는 점에서 시사점을 제공한다.

정치 자금과 특정 단체에 한정된 기부금 공제 제도의 확대도 소액 기부자들에게 경제적 인센티브를 줄 수 있다. 연 5~10만 원의 한도 내에서 교육기관 기부를 통해 기부자가 세금을 줄일 수 있다면 소액 기부 문화의 확대에 긍정적 역할을 할 수 있을 것이다.

미술품 가격은 어떻게 책정될까?

김진철, 박동훈, 송수진, 장현수

최근 들어 미술품은 작품으로서 뿐만 아니라 투자 가치를 지닌 재화로서 각광받고 있다. 삼성 비자금 파문의 중심에 있던 '행복한 눈물'의 예만 봐도 쉽게 알 수 있다.[11] MP3나 노트북, 휴대폰 등은 시간이 갈수록 그 가격이 떨어지게 마련이다. 그러나 골동품을 비롯하여 미술품과 같은 재화는 시간이 갈수록 가격이 올라가는 경향이 있다. 그렇다면 미술품의 가격에 영향을 미치는 요인은 무엇일까?

11) 2007년 김용철 변호사가 삼성이 비자금을 이용해 90억 원에 달하는 로이 리히텐슈타인의 '행복한 눈물' 등 고가의 미술품을 구입했다고 폭로하면서 삼성 일가가 2008년 특검의 조사를 받았다.

모형 설정

빈센트 반 고흐Vincent van Gogh의 '거셰 박사의 초상화'는 그가 자살하기 전에 남긴 작품 중 하나로 100여년 동안 파리를 시작으로 전 유럽을 돌아 뉴욕에 도착했으며, 그동안 소장인도 13명이나 바뀌었다. 1897년 당시 이 그림의 가격은 고작 58달러였지만, 1990년에는 7,800만 달러로 약 100년 동안 142만 배 이상 급등했다.

작가에게는 슬픈 이야기일 테지만 미술계에서는 '작가가 죽어야 작품의 가격이 오른다'는 이야기가 있다. 작가가 죽으면 더 이상 그 작가의 작품을 접할 수 없기 때문에 자연스럽게 가격이 오를 수 있다. 작품 자체는 변하지 않지만 작가의 사망 여부가 작품의 가격에 영향을 미치는 것이다.

작가의 사망 여부 외에도 작품의 크기, 제작년도, 화가의 활동기간, 작품의 수상여부 등도 미술품의 가격에 영향을 미칠 수 있다. 이 연구에서는 상품의 속성별 가치 연구에 널리 이용되는 헤도닉 가격 모형hedonic price model을 이용하여 미술품의 다양한 속성들이 가격에 미치는 영향을 분석하였다. 표본은 국내 미술품 경매시장에 나온 작품 중 캔버스에 유화를 그린 국내작가들의 작품 60개로 한정하였다. 이는 유화가 미술작품을 가장 잘 대표하고, 거래량도 가장 많기 때문이다.

가격에 영향을 미칠 수 있는 요인으로 최초 10개의 속성 변수를 선정한 후 통계적 유의성이 없는 속성을 순차적으로 제거하는 방식으로 최종 추정 모형을 도출하였다. 10개의 속성변수는 작가의 명성(한국미술협회 회원 여부), 제작 이후 경과연수(2010년 - 제작년도), 경매시장에서 최초로 낙찰된 이후의 경과연수(2010년 - 최초 낙찰연도), 유명인사의 보유 여부, 화가의 활동 기간, 작품의 수상 여부, 옥션 매수 호가 횟수, 작품의 크기, 경매시장에서 거래된 작가의 보유 작품 수, 작품의 거래 회전률 등이다.

분석 결과

최소자승법을 이용한 헤도닉 가격 모형 추정 결과 최종적으로 10개 속성변수 중 제작 이후의 경과연수와 경매시장에서의 최초 낙찰 이후의 경과연수 등 2개 변수만이 가격에 통계적으로 유의한 영향을 미친다는 결과가 도출되었다.

두 가지 속성변수를 이용한 최종 모형 추정 결과는 〈표 1〉과 같다. 추정 결과를 보면 제작 이후의 경과연수는 미술품 가격과 음(-)의 상관관계를 가지는데, 이는 최근에 제작된 작품이 과거에 제작된 작품보다 비싸다는 의미이다. 이러한 결과는 미술품 보존 상태의 효과로 해석할 수 있다. 오랜 전에 제작된 미술품의 경우 상태가 악화되어 거래가격에 부정적인 영향을 미칠 가능성이 높기 때문이다.

경매시장에서 최초 낙찰 이후의 경과연수와 가격 사이의 양(+)의 상관관계는 미술품 경매시장에서 최근에 거래가 시작된 작품보다 과거에 거래가 시작된 작품이 더 비싸다는 의미이다. 최초 낙찰년도는 미술품이 '상품'으로서 거래되는 최초의 시점으로 최초 낙찰 이후 경과연수가 긴 미술품은 상품으로서의 희소성이 높다고 볼 수 있다. 제작년도 변수가 모형에 반영됨으로써 미술품의 보존 상태가 통제된 경우, 즉 보존상태가 동일한 경우 희소성이 클수록 미술품 가격이 높다는 결과는 상식에 부합한다고 볼 수 있다.

〈표 1〉 미술품 가격에 대한 헤도닉 가격 모형 추정 결과

구 분	계수값	t-값	p-값
절편항	-2.03E+08**	-2.087	0.041
최초 제작 이후 경과연수	-4690.8***	-3.499	0.001
경매시장에서의 최초 낙찰된 이후 경과연수	105617.7**	2.231	0.030
R^2	0.558		

주: 계수값의 *(**, ***) 표기는 해당 계수값이 10%(5%, 1%) 유의수준에서 통계적으로 유의함을 의미

가격과 가치, 가치와 희소성

가치와 가격. 언뜻 혼동하기 쉽지만 가치와 가격은 엄연히 다른 개념이다. 가치는 어떠한 재화의 고유한 특성으로 인해 발생되는 것임에 반해 가격은 가치를 포함하여 시장의 여러 가지 상황에 따라 달라지는 재화 거래의 지표라고 할 수 있다. 가치는 여러 가지로 정의될 수 있지만, 크게 '사용가치'와 '교환가치'로 구

분된다.

물과 다이아몬드의 예를 들어보자. 물은 우리 몸의 70%이상을 차지할 만큼 중요한 자원이며 필수불가결한 재화이다. 다이아몬드 없이는 살 수 있지만 물을 마시지 못하면 죽고 만다. 하지만 그 가격은 어떤가? 다이아몬드의 가격이 물의 가격보다 훨씬 더 비싼 것을 누구나 알고 있다. 여기서 우리는 사용가치와 교환가치의 의미를 알 수 있다. 물의 사용가치가 다이아몬드의 사용가치보다는 높지만, 다이아몬드의 교환가치가 물의 그것보다 월등히 높기 때문에 다이아몬드의 가격이 물 가격보다 훨씬 더 비싼 것이다.

재화의 희소성은 사용가치보다 교환가치에 더 많은 영향을 미친다. 미술품은 시간이 가면서 원작 그대로의 모습이 조금씩 퇴색되기 마련이다. 미술품을 감상하면서 얻을 수 있는 심리적 기쁨 등을 사용가치로 본다면 보존상태가 악화될수록 사용가치는 떨어진다. 반면 시간이 갈수록 그 미술품이 희귀해짐에 따라 교환가치, 즉 가격은 상승할 것이다. 이 연구는 제한적으로 이러한 사실을 계량경제 모형으로 보였다는 데 의미가 있다.

결론

미술품은 그 특성상 다른 재화에 비해 희소성과 그로 인한 교환가치의 변화가 더 큰 것으로 판단된다. 작가마다 작풍이 다르고, 동일한 화가가 그린 그림이라도 100% 똑같을 수는 없기 때문에 희소성은 미술품 가격 결정에 중요한 영향을 미칠 것이다. 반면 MP3, 노트북 등은 다양한 경쟁사가 앞 다투어 신제품을 출시하므로 희소성과는 거리가 멀며, 시간이 갈수록 그 활용도가 떨어질 수밖에 없어 사용가치가 감소하게 된다. 물론 시간이 아주 많이 흐른 먼 미래에 지금의 전자기기가 골동품이 되어 교환가치가 높게 형성되는 날이 올 수도 있다.

한계점

이 연구는 미술품의 주요 속성이 가격이 미치는 영향을 정량적인 계량경제 모형으로 분석하였다는 의의가 있다. 그러나 정량적인 자료가 부족하고, 학생으로서 미술품에 대한 지식이 미흡하여 다양한 속성 변수를 모형에 반영하지 못한 한계가 있다. 그리고 수많은 미술품 가격의 특성을 평가하는 데 60개의 표본은 부족한 감이 있다. 향후 속성 변수와 표본의 한계를 보완할 경우 분석의 신뢰도를 높일 수 있으리라 기대한다.

참고문헌

투자모시의 미술품과 미술품 가격형성 요인에 관한 연구, 김태성, 2008.6

韓國美術品價格決定要因과 價格指數에 관한 研究, 權相春, 2006.10

계량분석에 사용된 자료출처

서울옥션

http://www.seoulauction.com/

한국미술협회

http://www.kfaa.or.kr/

오민경블로그 /

http://blog.naver.com/ooohmk?Redirect=Log&logNo=150000777272

김윤섭 울산대 교수·미술칼럼니스트 블로그 /

http://blog.joins.com/media/folderlistslide.asp?uid=mulim1672&folder=29&list_id=11729231

그 외 미술작가들의 개인 사이트

아이스커피는 왜 핫 커피보다 비쌀까?

변진영, 황재은

어느 뜨거운 여름날 안암동에 사는 존은 갈증을 이기지 못하고 평소에는 잘 가지 않는 커피 전문점에 들어갔다. 그러나 하필이면 존의 주머니에는 3천원만 들어있었다. 가만히 서 있어도 땀이 송골송골 맺히는 무더운 날이었기 때문에 존은 아이스커피를 간절히 원했다. 그러나 이게 웬 일… 메뉴판에 적힌 아이스커피의 가격은 뜨거운 커피보다 5백 원이 비싼 3천5백 원이었다. 결국 존은 아이스커피를 마시지 못했고, 왜 아이스커피가 핫 커피보다 비싼지 궁금해지기 시작했다.

존과 제니의 커피 시장조사

일단 존은 다른 커피점에서도 아이스커피와 핫 커피의 가격차가 나는지 알아보기 위해 여자친구 제니와 함께 모든 커피전문점을 탐방하며 가격을 조사하기 시작했다. 각 커피전문점을 조사해 본 결과 어떤 곳은 아이스커피의 가격이 더 비쌌고 어떤 곳은 아이스커피와 핫 커피의 가격이 같았다(그림 1).

〈그림 1〉 주요 커피전문점의 아이스커피와 핫 커피 가격

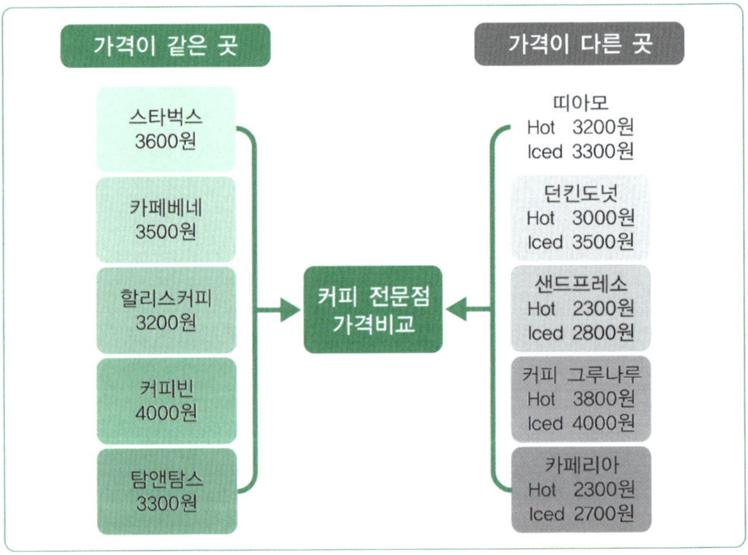

단순한 존은 이제 두 커피의 가격이 똑같은 커피전문점만을 방문하자고 제니에게 제안했다. 그러나 예리한 제니는 두 커피의 양이 다른 것을 포착하고선, 두 커피의 양을 비교하기 시작했

다(그림 2). 실험결과 존과 제니는 실질적으로 아이스커피의 가격이 핫 커피보다 비싸다는 것을 알게 되었다. 두 커피의 가격이 같은 판매점의 경우 핫 커피의 양이 더 많았고, 아이스커피가 더 비싼 경우 그 차이가 미미하거나 아이스커피의 양(얼음제외)이 더욱 적었다. 그렇다면 왜 아이스커피는 핫커피보다 비싼 것일까?

〈그림 2〉 커피전문점별 아이스커피와 핫 커피의 가격과 양 비교

주. 두 사진 모두 오른쪽이 아이스커피(얼음 제외), 왼쪽이 핫 커피임.

경제학적 접근

경제적인 측면에서 존과 제니의 궁금증을 살펴보자. 우리는 커피가격이 결정되는 방식을 생산자와 소비자 측면으로 나누어 생각해 보았다.

우선 생산자 측면에서 두 가지 커피의 제조원가를 비교해 보자. 〈표 1〉을 보면 아이스커피를 제조하는데 비용과 시간이 조금 더 많이 든다는 것을 알 수 있다. 그러나 제조원가의 차이는 23원으로 5백 원의 커피가격의 차이를 설명하기에는 미미한 수준이다.

〈표 1〉 아이스커피와 핫 커피의 제조원가 (단위 : 원)

원 료	아이스커피(A)	핫 커피(B)	차액(A-B)
컵	132	132	0
컵뚜껑	55	55	0
빨대	15	–	15
스틱	–	4.4	-4.4
컵슬리브	66	66	0
커피	210	210	0
물	30	30	0
설탕	–	13	-13
시럽	15	–	15
얼음	10	–	10
합계	533	510	23

자료. 탐앤탐스 커피전문점

우리는 소비자의 행동 특성 중 어떤 요인이 이러한 커피가격의 차이를 유발했는지 알아보기 위해 커피전문점에 방문한 손님 182명을 대상으로 3월 22일부터 24일까지 3일 동안 설문조사를 실시하였다. 설문조사 결과 22%만이 아이스커피와 핫 커피의 가격차에 대해 모른다고 답했고, 나머지는 가격차이가 난다는 사실을 인식하고 있었다. 이는 사람들이 200~500원 수준의 커피가격 차이에 대해 민감하게 반응하지 않음을 의미한다.

또한 설령 가격차가 있을지라도 아이스커피를 마신다고 응답한 사람은 약 50%정도였고, 여기에 커피가격이 합리적이라면 마시겠다는 응답자까지 포함하면 약 70%정도의 응답자가 아이스커피의 가격이 비싸더라도 구매할 의향을 보였다. 이를 통해 아이스커피 가격에 대해 소비자들은 비탄력적으로 반응한다는 것을 알 수 있다.

이와 같은 결과는 소비패턴의 고급화로 설명이 가능하다. 한국농촌경제연구원에서 발표한 자료에 따르면 한국인의 10대 식품[12] 소비트렌드는 고급화와 기호식품의 소비증가와 더불어 맛 지향, 간편화 추구, 다양성 확대 등의 특성을 보인다. 소득수준이 증가함에 따라 소비자들은 자신이 선호하는 맛을 찾는 경향이 커졌다. 주머니에 오로지 3천원만 있는 존의 경우가 아니라면, 소비자들이 자신이 미시고 싶은 커피가 아이스커피라면 가격차에 상관없이 아이스커피를 구매한다는 의미이다.

12) 곡물, 육류, 어패류, 과일, 채소, 곡물가공품, 차와 음료, 기타 가공식품

〈그림 3〉 아이스커피와 핫 커피의 가격 차이에 대한 인식

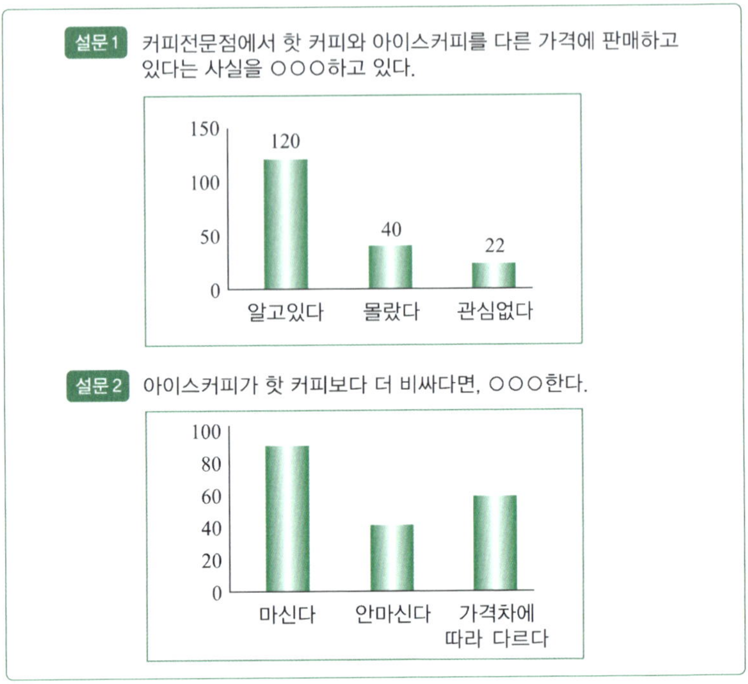

주. 표본 수 182명

우리는 추가로 소비자들이 적정하다고 인식하는 가격차가 얼마인지 조사해 보았다(그림 3). 조사 결과 적절한 가격차가 0원이라는 응답자가 40%로 가장 많았고, 그 다음이 300원(19%), 200원(14%) 등의 순으로 나타났다. 85%의 응답자는 300원 이내의 가격차가 적절하다고 응답하였는데 이는 신기하게도 시중에서 판매되는 평균 커피가격의 차이인 367원과 거의 일치한다(표 2). 이를 통해 커피전문점이 소비자의 아이스커피에 대한 지불의사가격을 잘 이해하고 가격을 책정한다는 사실을 알 수 있었다.

〈표 2〉 시중에서 판매되는 아이스커피와 핫 커피의 가격차이 비교 결과

구 분	핫 커피 (A)	아이스커피 (B)	가격차이 (B-A)
스무디킹	3000원	3500원	500원
띠아모	3200원	3300원	100원
던킨도넛	3000원	3500원	500원
샌드프레소	2300원	2800원	500원
커피 그루나루	3800원	4000원	200원
카페리아	2300원	2700원	400원
평균	2933원	3300원	367원

자료: 탐앤탐스 커피전문점

결론

아이스커피와 핫 커피의 가격 차이는 생산 제조원가와 커피에 대한 소비자 특성 때문에 생겨났다. 그러나 시중에는 아이스커피와 핫 커피에 같은 가격을 책정하는 커피전문점이 있는 반면 다른 가격을 책정하는 커피전문점도 있다. 이 연구를 통해서 같은 가격을 받는 커피전문점은 아이스커피를 할인가에 제공하고, 다른 가격을 받는 커피전문점은 정가를 받는다고 결론을 내렸다. 그러나 이 연구에서 조사한 응답자들이 이미 기존의 커피가격에 익숙해졌을 가능성과 표본의 한계 등을 고려할 때 합리적인 아이스커피와 핫 커피의 가격을 평가하기 위해 커피를 소비하는 소비자 특성에 대한 좀 더 세밀한 연구가 이루어질 필요가 있다.

도움 : 탐앤탐스 상봉점 아르바이트생

아이스크림, 제 값 주고 먹으면 바보다?

박유민, 박빛나

공짜 아이스크림의 출현

무더운 여름이면 가장 먼저 떠오르는 군것질 거리가 아이스크림일 것이다. 그리고 아마 아이스크림을 구매해 본 경험이 있는 소비자라면 누구나 한번쯤 봤을 법한 문구가 바로 '아이스크림 50% 세일'일 것이다. 아이스크림은 포장지에 소비자권장가격이 기재되어 있지만 대부분의 아이스크림은 연중무휴 할인된 가격으로 판매되고 있다.[13] 실제로 한 TV 프로그램에서 약 400명의

13) 소비자권장가격은 제조업자가 유통업자와의 소비자 사이의 거래에 참고할 목적으로 임의적으로 표시하는 가격으로 소비자가 상품을 구매할 때 가격 정보를 제공하는 역할을 한다.

소비자들을 대상으로 한 설문조사에서도 50%가 넘는 소비자가 아이스크림을 반값에 구매한다고 답했다(그림 1). 그렇다면 아이스크림을 싸게 판매하는 이유는 무엇일까?

〈그림 1〉 아이스크림 구매 가격에 대한 조사 결과 (단위 : %)

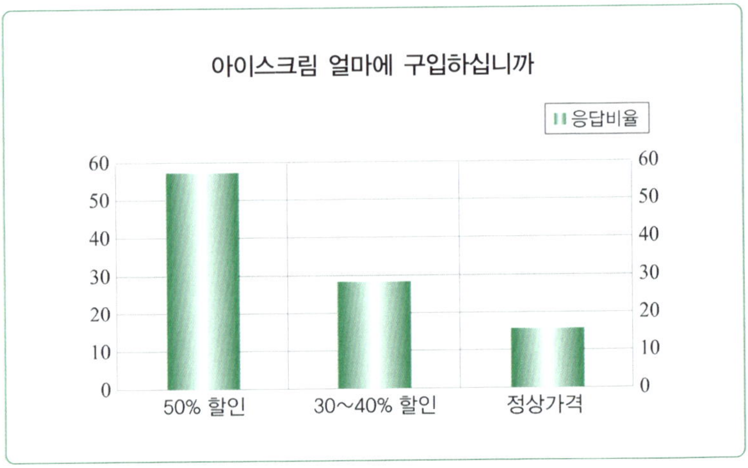

자료. MBC 불만제로

빙과류 아이스크림의 특성

2009년 7월 이전까지 빙과류에는 유통기한이 없어 재고를 오랫동안 판매할 수 있었다. 반면 냉동보관에 따른 보관비용이 높기 때문에 재고를 신속하게 처분해야 할 유인도 있다. 그리고 아이스크림은 제품 간 품질 차가 적기 때문에 경쟁업체들의 가격 경쟁이 과열 될 소지가 있다. 그리고 아이스크림은 주원료의 70%가 물이기 때문에 원가가 비교적 저렴하다고 할 수 있다. 이 연구에서는 〈표 1〉에 정리한 빙과류 제품의 특성을 토대로 아이스크림을 반값에 구매할 수 있는 이유에 대한 가설을 세우고 이를 논리적으로 검토하였다.

〈표 1〉 빙과류 제품의 특성

1. 유통기한이 없다.
2. 보관비용이 많이 든다.
3. 제품 간 차이가 적다.
4. 원가가 저렴하다.
5. 유통과정이 비교적 단순하다.
6. 성수기와 비수기가 있다.

가설 1. 소비자 취향이 고급화되었다.

반값 아이스크림의 비밀을 푸는 첫 단추는 소비자 취향의 변화이다. 소비자 취향의 고급화로 빙과류 아이스크림의 수요가 줄어들었고, 위기의식을 느낀 빙과 업체들이 할인정책을 펼치는 것이 아닌가 하는 가설이다. 빙과류 업체의 영업이익률 추이와 출하량 증가율 추이를 보면 유지 및 빙과 부문 영업이익률은 2004년을 기점으로 하락세를 보이고 있다(그림 2). 반면 프리미엄 시장의 규모는 대조적 양상을 보인다. 프리미엄 업체 중의 한 곳인 배스킨라빈스의 경우 점포수가 꾸준히 증가하고 있다(그림 3).

〈그림 2〉 아이스크림 제조업체의 매출액과 영업이익률 변동 추이

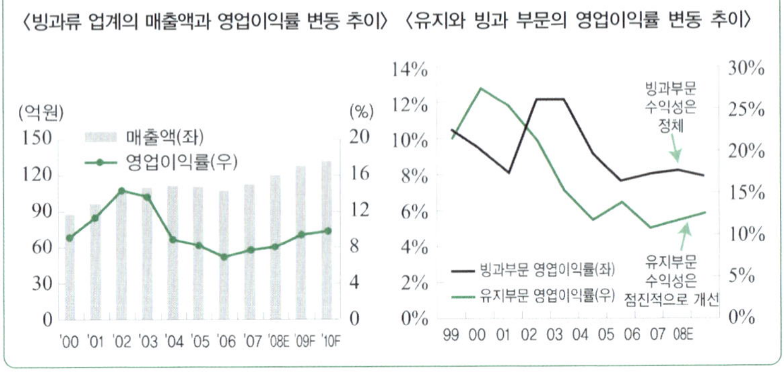

자료. 롯데제과, 롯데삼강, 대신증권리서치센터, 우리은행리서치센터

〈그림 3〉 배스킨라빈스 점포수 증가 추이 (단위 : 개)

연도	86년	87년	88년	89년	90년	91년	92년	93년	94년	95년	96년	97년	98년	99년	00년	01년	02년	03년	04년	05년
점포수	2	10	16	26	34	58	74	90	160	224	340	404	410	455	493	524	569	624	683	715

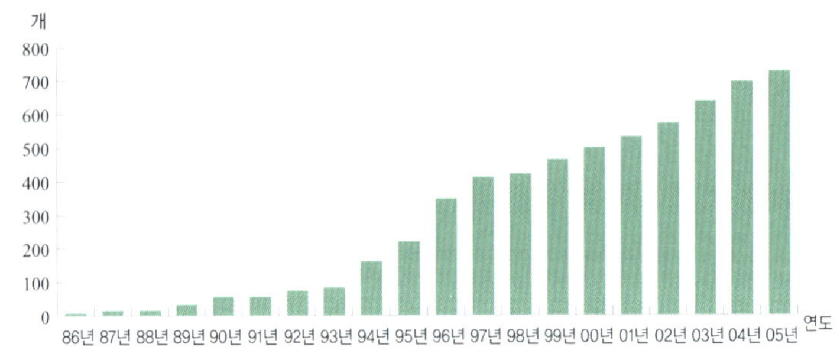

자료. 배스킨라빈스

프리미엄 제품들이 시장점유율을 넓혀갈 수 있었던 것에는 다양한 요인들이 존재한다. 웰빙Well-Being 열풍에 발맞추어 소비자의 입맛에 부합하는 메뉴들을 지속적으로 출시하는 한편, 카페형 매장의 확대로 소비자들에게 쾌적한 휴식공간을 제공하고 있

다. 또한, 성수기와 비수기가 존재하는 아이스크림 산업의 특성을 고려해 쿠키, 빙수, 커피 등의 사이드 메뉴를 개발하여 매출의 계절적 변동성을 감소시키고, 전체 매출을 향상시키고 있다.

아이스크림을 연중 할인된 가격으로 판매하는 첫 번째 이유는 고급시장의 성장에서 기인한다고 볼 수 있다. 프리미엄 제품 업체의 시장점유율이 증가하면서 기존업체들은 위기의식을 느끼게 되고 이에 가격인하 마케팅을 실시해 잃어버린 시장점유율을 되찾으려 하는 것이다.

가설 2. 과점기업들이 제살 깎아먹기 식의 과다 경쟁을 벌이고 있다.

두 번째 원인으로 기업 간의 경쟁 심화를 고려할 수 있다. 현재 우리나라 빙과 메이저기업으로는 해태, 빙그레, 롯데제과, 롯데삼강을 들 수 있다. 지난 2006년 업계는 담합을 통해 아이스크림 가격을 비슷한 시기에 인상해 공정거래위원회로부터 과징금 처분을 받은 사례가 있다. 정부의 이 같은 조치로 카르텔이 붕괴되면서 업체 간 경쟁은 괴열될 수밖에 없었다. 이 같은 시상 상황에서 아이스크림 제조업체는 유통 업체에 공급가를 낮춰주거나 성과금을 지급하는 등의 방법으로 시장점유율을 높이려는 유인이 존재하게 된다. 유통업체는 공급가가 전보다 저렴해진 아이스크림을 '미끼 상품'으로 이용하는 것이다.[14)]

---

14) 미끼상품은 유통업체들이 더 많은 고객을 끌어 모으려는 목적에서 원가보다 싸게 팔거나 일반 판매가격보다 훨씬 싼 가격에 판매하는 상품을 지칭하며, 유인상품 또는 로스리더(loss leader)라고도 한다.

즉 아이스크림 할인은 다른 상품의 구매를 유인하는 도구일 가능성이 높다. 비록 아이스크림 그 자체로는 이윤을 남기지 못하지만, 마진이 높은 다른 상품으로의 구매확대를 이끌어 내기 위한 마케팅전략의 하나로 볼 수 있다.

가설 3. 아이스크림의 소비자권장가격은 거품이다.

마지막 가설은 아이스크림이 가격 처음부터 할인을 염두에 두고 책정된 거품 가격이라는 것이다. 제조업체는 아이스크림 주원료 가격 상승으로 상품 가격인상이 불가피하다는 입장을 고수했다. 그러나 2009년 6월 대신증권은 보고서를 통해 업계의 가격 상승에 대해 "롯데삼강의 경우 주요 원재료인 탈지분유, 원당, 전분당의 매출액 대비 비중이 15%이고 각 원재료의 가격 상승폭이 50~70%인데 판매단가를 평균 33% 올려 원가 상승폭을 넘어서는 수준"이라고 분석했다. 분석에 따르면 1000원짜리 아이스크림의 경우 원재료 가격은 소비자가의 15%인 150원이므로 원재료 가격 상승폭이 50%일 때 75원이 인상되어 1075원이 되어야 한다. 그러나 실제로는 330원이 인상되어 아이스크림의 가격은 1330원이 되었다는 것이다.

아이스크림 판매가격 상승폭이 원가 인상폭을 넘어서는지 검토하기 위해 간단한 분석을 시행했다. 우선 아이스크림의 원료 구성 비율을 고려해 물은 생수, 유제품은 탈지분유, 당류는 설탕으로 가정하여 2005년부터의 가격을 조사했다(표 2). 그리고 실제 시중에서 판매되고 있는 '설레임'이라는 아이스크림을 분석 대상 품목으로 지정하여 원료별 구성 비율을 조사했다(표 3).

〈표 2〉 아이스크림 판매가와 각 재료별 가격변화 (단위 : 원)

구 분	아이스크림	설탕(1kg)	생수(500ml)	분유(800g)
2005	500	950	330	16800
2007	1000	1080	340	18200
2009	1500	1270	350	22300

〈표 3〉 아이스크림의 원료 구성 비율

구 분	물	유제품	당류	기타
원료 구성비	65%	15%	14%	6%

〈표 4〉는 아이스크림 원료 구성 비율과 각 재료별 가격 변화를 이용하여 산출한 가격의 상대적 변화를 보여준다. 분석결과 아이스크림 가격이 매년 1씩 오른 것에 반해 설탕과 생수, 분유는 약 0.1~0.3 정도 밖에 오르지 않았다. 이는 아이스크림 가격 상승폭이 원재료 가격상승폭보다 크다는 것을 의미한다. 아이스크림 가격의 상승폭이 원료 가격 상승 폭과 비례하지 않는다는 사실은 아이스크림의 가격에 거품이 끼여 있다는 사실을 입증한다. 즉, 아이스크림 가격은 처음부터 할인을 위한 거품으로 부풀려진 것이다.

〈표 4〉 아이스크림과 각 재료별 상대가격의 변화

구 분	상대지수	설탕(1kg)	생수(500ml)	분유(800g)
2005	1	1	1	1
2007	2	1.137	1.030	1.080
2009	3	1.337	1.061	1.327

주. 원단위 가격 비교를 위해 2005년 가격을 기준으로 계산한 상대가격임

결론

소비자권장가격이 존재함에도 불구하고 그 기능이 유명무실화 되고, 동일 제품임에도 시장가격이 각각 다르게 나타남으로써 소비자의 가격에 대한 신뢰성은 무너졌다고 할 수 있다. 구매시점과 장소에 따라 가격이 다르면 소비자는 어느 가격이 적정한 것인지, 제조사를 믿을 수 있는지에 대한 의구심을 품게 된다. 이에 정부는 2010년 7월 1일부터 아이스크림도 오픈프라이스 품목에 포함하였다.[15] 2010년 7월 1일 오픈프라이스 제도가 확대 시행됨에 따라 라면, 과자, 의류 등의 품목에 소비자권장가격이 사라지게 된다. 따라서 50% 할인과 같이 소비자의 눈을 현혹시키는 자극적인 문구는 없어지겠지만, 유통업체가 자율적으로 가격을 매길 수 있다는 점은 소비자의 선택이 더욱 중요해 졌음을 시사한다.

15) 오픈프라이스(open price) 제도란 최종 판매업자가 제품가격을 결정하여 판매하는 방식으로 권장소비자가격제와는 달리 최종 판매업자가 판매가를 표시하는 제도이다. 실제 판매가보다 부풀려 소비자가격을 표시한 뒤 할인해 주는 기존의 할인 판매의 폐단을 근절시키기 위해 소비자가격을 제조업체가 아닌 대리점 등 유통업체가 표시하도록 한 것이다.

우유 가격인상, 누구의 책임인가?

김석래, 노현우, 박수현, 전찬우

연이은 유업체들의 우유 가격인상

2010년 6월, 공정거래위원회는 우유회사의 가격담합을 이유로 국내 3대 대기업인 서울우유와 매일유업, 남양유업에 과징금을 부과할 것이란 기사가 보도되었다. 기사에서 알 수 있듯 한국의 우유시장은 서울우유와 남양유업, 매일유업이 전체 시장점유율의 70% 이상을 점유하고 있는 과점시장이다(그림 1).

〈그림 1〉 한국 우유시장 업체별 시장점유율

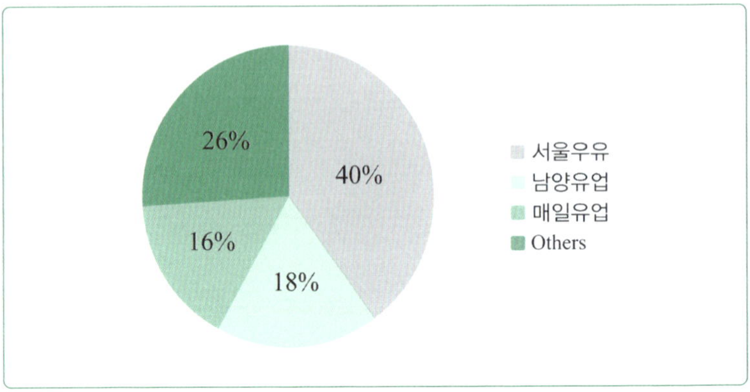

〈그림 2〉에서 보는 바와 같이 2008년 8월 23일 서울우유는 흰 우유 1L의 가격을 1850원에서 2180원으로 가격인상을 단행하였다. 한 달 뒤 매일유업과 남양유업은 각각 2180원과 2200원으로 가격을 인상하였다. 서울우유는 한국 우유시장의 선도기업이고 매일유업과 남양유업은 후발주자다. 서울우유의 가격

〈그림 2〉 2008년 서울우유와 경쟁사의 가격인상

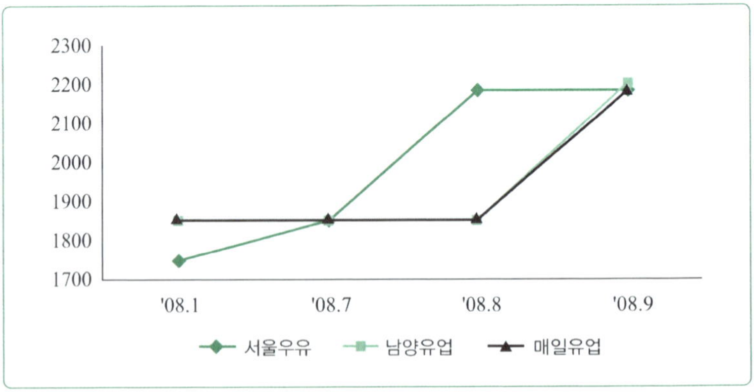

인상 후 매일유업과 남양유업이 가격을 인상하지 않는다면 후발 주자들이 시장점유율을 높일 수 있는 좋은 기회임에도 매일유업과 남양유업은 가격을 인상하였다.

본 연구는 우유시장의 과점시장 구조를 검증하고, 백색 시유에 대한 가격 탄성치를 바탕으로 한 게임이론을 토대로 국내 우유업체들의 가격구조를 분석한다. 공정거래위원회는 각 기업의 담합에 대한 구체적인 증거자료를 바탕으로 담합에 대한 과징금을 부과할 예정이지만, 본 연구에서는 담합을 약속한 문서와 같은 증거자료가 없이 경제 이론에 입각하여 담합 행위를 실증적으로 분석하고자 한다.

원유가격 상승

서울우유가 가격인상을 단행한 가장 큰 이유는 원유 값 상승이라 볼 수 있다. 서울우유는 주식회사가 아닌 조합으로서 서울우유의 모든 원유는 조합원으로부터 공급받고 있다. 원유의 납품가격을 설정할 때 낙농육우협회의 원유가격을 참조하고 있는데, 낙농육우협회가 7년 동안 리터당 584원에 공급해오던 원유의 가격을 2008년 7월 20.4% 오른 704원/L으로 인상하겠다는 결정을 내렸다. 서울우유는 원가 상승으로 원유 값을 인상할 수밖에 없었고, 남양유업과 매일유업의 가격인상 역시 원유가격의 상승에 기인한 것으로 볼 수 있다.

〈표 1〉은 2008년 1분기에서 2009년 1분기까지의 남양유업과 매일유업의 평균 원유 매입비용을 나타낸 표이다. 두 회사 모두 2008년 2분기에 원유가격이 소폭 하락하였다가 4분기를 시작으로 2009년도 1분기까지 원유가격이 급등하였다. 2008년 1분기 대비 2009년 1분기의 매입비용은 남양유업 15%, 매일유업 16% 상승하였다. 아쉽게도 서울우유의 원유가격은 제시하지 못했는데, 서울우유는 협동조합이라 다른 업체와 달리 분기별 보고서를 공개하지 않기 때문이다. 다만, 연별 자료를 볼 때 서울우유의 원유 매입가격은 리터당 584원에서 704원으로 인상된 것으로 나타난다.

〈표 1〉 남양유업과 매일유업의 원유 매입가격

구 분	2008				2009
	1분기	2분기	3분기	4분기	1분기
남양유업	723원/L	716원/L	733원/L	834원/L	834원/L
매일유업	753원/L	740원/L	758원/L	787원/L	875원/L

비탄력적인 수요

〈표 2〉는 백색 시유의 소득탄성치와 가격탄력성을 나타낸다. 1990년대 이후의 연구에서는 최소 -0.23에서 최대 -2.70까지 다양한 가격탄력성이 제시되었고, 가장 최근에 연구된 안병일(2006)에서는 시유의 가격탄력성이 비탄력적인 -0.858로 분석

되었다. 안병일(2006)의 연구를 고려할 때 우유의 수요는 가격에 비탄력적이다. 수요의 가격탄력성이 비탄력적인 경우 공급자는 가격을 인상함으로써 매출을 증가시킬 수 있다. 이는 가격 상승에 따른 판매량의 감소분 보다 가격증가분이 크기 때문이다.

〈표 2〉 백색 시유의 소득 및 가격탄력성

구 분	분석기간	소득탄성치	가격탄력성	자 료
성배영 외(1975)	1959~1974	3.59	-5.03	연별자료
허신행(1978)	1961~1977	3.43	-0.50	연별자료
주용재 외(1982)	1968~1981	2.15	-1.75	연별자료
허신행 외(1984)	1970~1983	2.84	-1.17	연별자료
허신행 외(1986)	1969~1984	1.64	-1.30	연별자료
이철현(1996)	1981~1996	0.64	-0.57	연별자료
Song and Summer(1999)	1975~1998	0.77	-2.70	연별자료
백종희 외(2002)	1975~2000	0.31/1.16	-0.23/-0.68	연별자료
신승렬 외(2003)	2003~2003	0.86/1.11	-1.43/-1.58	연별자료
안병일 (2006)	1975~2004	1.153	-0.858	연별자료

담합

경제 이론에 의하면 서울우유가 가격을 올릴 때 경쟁기업인 매일유업과 남양유업은 가격을 올리지 않으면 서울우유의 소비자들을 흡수할 수 있다. 그러나 이 두 기업은 9월 24일 비슷한 수준으로 가격을 인상했다.

이런 상황은 가격선도모형price leadership model으로 설명할 수 있다. 가격선도모형이란 비용이나 시장수요 등의 여건이 변화하는 상황에서 과점기업들이 가격을 전략변수로 사용할 때 선도 기업이 먼저 가격을 변화시키면 경쟁기업들이 이에 동조해 가격을 인상하는 이론을 말한다(이준구, 2006). 〈표 3〉의 가정을 적용할 경우 과점시장 내 기업들의 우유가격의 인상을 가격선도모형으로 설명할 수 있다.

〈표 3〉 우유시장 가격선도모형의 가정

가정 1) 3대 기업은 동질적인 우유를 생산하고 소비자도 품질 차이가 없는 재화로 인식한다.
가정 2) 각 경쟁사는 상대방의 이윤을 알 수 있다.
가정 3) 각 우유회사는 광고, 프로모션 등의 다른 마케팅 전략을 사용하지 않고, 가격 전략만을 사용한다.

게임이론을 통한 분석

가격인상과 가격선도모형은 게임이론으로 풀어볼 수 있다. 게임이론이란 경쟁 주체가 상대편의 대처행동을 고려하면서 자기의 이익을 효과적으로 달성하기 위해 수단을 합리적으로 선택하는 행동을 수학적으로 분석하는 이론이다(위키피디아 백과사전).

과점시장에서 경쟁관계에 있는 서울우유와 남양유업, 매일유업의 전략 선택에 따른 결과를 게임이론에서 사용하는 보수 행렬

payoff matrix로 나타낼 수 있다(표 4). 남양유업과 매일유업 모두 우유시장의 선도자leader인 서울우유를 따르는 추종자follower이기 때문에 서울우유와 남양유업만을 분석대상으로 선정하였다. 각 기업은 가격 인상에 대한 배반과 협조 두 가지의 전략을 가지고 있다. 두 기업 모두 가격을 인상할 때를 협조라 하고, 가격을 인상하지 않았을 때를 배반이라 하고, 그 때의 가격을 각각 2180원, 1850원으로 설정하였다. 우유시장 게임에서 서울우유와 남양유업 모두 가격을 올리는 협조와 올리지 않는 배반 중 한 가지 전략을 선택할 수 있다. 각 기업은 경쟁기업의 전략을 고려하여 자신의 상황에서 가장 이윤이 큰 전략을 선택할 것이다.

〈표 4〉 서울우유와 남양유업의 전략 선택에 따른 보수 행렬(payoff matrix)

구 분		남양유업			
		협조		배반	
서울우유	협조	π 서1	π 남1	π 서2	π 남2
	배반	π 서3	π 남3	π 서4	π 남4

가격을 인상한 기업은 수요 감소에 직면하게 된다. 그러므로 가격 인상 시 수요 감소에 따른 손실을 상쇄시킬 만큼의 이윤이 확보되어야 가격을 인상할 유인이 생긴다. 가격 인상을 위한 조건을 수리적으로 검토해 보자.

식 (1)과 (2)는 각각 가격 인상 이전과 이후의 우유업체의 이윤함수를 나타낸 식이다. 가격 인상 이후의 이윤함수인 식 (2)

에서 가격 인상 이후의 판매량 Q_2는 인상 이전의 판매량 Q_1 보다 낮을 것으로 예상된다.

$$\pi 1 = 1850 \cdot Q_1 - C(Q_1) \tag{1}$$

$$\pi 2 = 2180 \cdot Q_2 - C(Q_2) \tag{2}$$

X를 우유가격 인상으로 인한 우유 판매량 감소 비율로 정의하면 가격 인상 이후의 판매량 Q_2를 식 (3)과 같이 표현할 수 있다.

$$Q_2 = X \times Q_1 \tag{3}$$

가격 인상으로 이익을 얻기 위해서는 가격인상 이후의 이윤 π2가 인상 이후의 이윤인 π1보다 크다는 식 (4)가 성립해야 한다.

$$\pi 1(\text{가격 인상 이전의 이윤}) < \pi 2(\text{가격 인상 이후의 이윤}) \tag{4}$$

비용을 고려하지 않은 상황에서 가격을 1850원에서 2150원으로 인상할 경우 식 (4)의 조건이 성립하기 위해서는 우유가격 인상으로 인한 우유 판매량 감소 비율인 X의 값이 0.85 보다 커야한다(식 5). 가격인상으로 인한 판매량의 감소비율이 15%보다는 적어야 매출액을 증대시킬 수 있다.

$$1850 \cdot Q_1 < 2180 \cdot Q_2 \rightarrow 0.85\, Q_1 < Q_2 \tag{5}$$

〈표 5〉에는 예시에서 제시된 방법으로 계산한 우유게임에서 가격 인상의 유인이 존재하는 서울우유와 남양우유의 전략에 따른 판매량을 정리하였다. $Q_{서4}$와 $Q_{남4}$는 서울우유와 남양유업 모두 가격을 인상하기 전의 판매량이다. $Q_{서2}$는 서울우유는 가격을 인상하였으나, 남양유업은 가격을 인상하지 않았을 때의 서울우유의 판매량으로 $Q_{서2} = 0.8Q_{서4}$이다. 기존의 판매량 $Q_{서4}$에서 소비자들이 상대적으로 가격이 저렴한 남양유업과 매일유업으로 이동하면서 서울우유의 판매량이 20%정도 감소된 것을 의미한다. 반대로 $Q_{남2}$는 서울우유가 가격을 올린 상황에서 가격을 올리지 않은 남양유업이 반사이익을 얻어 증가된 판매량을 의미한다. $Q_{남2} = 1.15Q_{남4}$로 정의되는데 기존보다 15% 증가한 판매량을 나타낸다.[16)]

$Q_{서3}$ 및 $Q_{남3}$는 위의 상황과 반대의 상황을 나타낸다. 즉 서울우유는 가격을 인하하고 남양유업만 가격을 인상한 상황으로 각각 $Q_{서3} = 1.15Q_{서4}$, $Q_{남3} = 0.8Q_{남4}$으로 정의하였다. 판매량 감소에 대한 자료를 얻을 수가 없어 두 기업이 모두 배반할 때의 판매량 $Q_{서4}$와 $Q_{남4}$에 일정한 계수를 곱하여 각 상황에서의 판매량을 정의하였다. 하지만 서울우유의 브랜드 인지도가 다른 기업들 보다 높기 때문에 현실적으로는 1.15보다는 더 큰 판매량 증가가 이루어질 것으로 보이며, 남양유업의 경우 0.8

16) "서울우유 고무줄 우유값" 뉴시스. 2008.09.12에서 발췌.

보다 더욱 큰 판매량 감소가 예상된다.

마지막으로 $Q_{서1}$와 $Q_{남1}$는 두 기업 모두 가격을 인상했을 경우의 판매량을 나타낸다. EBN산업뉴스의 9월 22일자 기사에 따르면, 남양유업이 가격을 올릴 시 약 5%의 판매량 감소가 예상된다. 이에 $Q_{서1} = 0.95\,Q_{서4}$, $Q_{남1} = 0.95\,Q_{남4}$로 정의될 수 있다.

〈표 5〉 우유게임에서 가격 인상의 유인이 존재하는 서울우유와 남양유업의 전략에 따른 판매량 변화

구 분	서울우유	남양유업
두 기업 모두 협조	$Q_{서1} = 0.95\,Q_{서4}$	$Q_{남1} = 0.95\,Q_{남4}$
서울우유 협조, 남양유업 배반	$Q_{서2} = 0.80\,Q_{서4}$	$Q_{남2} = 1.15\,Q_{남4}$
서울우유 배반, 남양유업 협조	$Q_{서3} = 1.15\,Q_{서4}$	$Q_{남3} = 0.80\,Q_{남4}$
두 기업 모두 배반	$Q_{서4}$	$Q_{남4}$

서울우유와 남양유업 각각 4가지의 이윤함수를 가지고 있다. 가격을 올리기 전의 이윤인 π서4와 π남4를 가격인상 후의 이윤인 π서1과 π남1을 비교해 보면 가격을 인상한 후의 상황이 더욱 이득이라는 것은 알 수 있다. 우선 서울우유의 이윤을 비교해 보면, π서4(가격인상전의 이윤)는 $1850\,Q_{서4}$ − C($Q_{서4}$)이고, π서1은 $2071\,Q_{서4}$ − C($0.95\,Q_{서4}$)이다. 이 둘을 비교해 보았을 때 가격을 인상했을 때의 총수입(=가격 × 수요량)이 인상 이전보다 높고, 판매량 감소로 인상 이후의 비용 C($0.95\,Q_{서4}$)가 인상 이전의 비용 C($Q_{서4}$) 보다 낮다. 가격 인상이 인상하지 않는 것보

다 이익이라는 의미이다.[17)]

현실의 우유게임에서 주목할 점은 동시 게임이 아니라 서울우유가 먼저 전략을 실행하는 순차적 게임이라는 점이다. 그리고 자신의 선택을 바꿀 수 있고, 과거에서부터 발생되어 온 반복 게임이다.

서울우유가 협조 즉, 가격인상을 한 상황에서 남양유업은 배반 혹은 협조의 선택을 할 수 있다. 남양유업은 π남1(협조), π남2(배반)의 상황에서 2008년 8월 23일에서 9월 24일까지는 배반, 즉 가격을 올리지 않고 1850원을 유지하는 전략을 택했다. 서울우유의 의도대로라면 즉각적으로 가격신호를 감지한 남양유업이 가격을 2180원으로 인상해야 했으나, 남양유업은 가격을 올리지 않음으로써 매출액과 시장점유율의 확대를 꾀했다고 볼 수 있다. 서울우유는 한 달 동안 π서2의 이윤을 얻었고, 남양유업은 π남2의 이윤을 얻었다.

이러한 상황에서 서울우유는 기존의 선택인 협조(가격인상)를 하였으나, 동조하지 않는 남양유업을 압박하기 위해 2008년 9월 12일 가격을 2180원에서 1850원으로 할인하여 판매하는 할인행사를 개최한다. 남양유업이 가격인상에 동조하지 않는다면, 자신들도 선택을 바꿀 수 있다는 것을 보여준 것이다. 이 이후 서울우유는 다시 가격을 인상하고, 남양유업 또한 2008년 9월 24일 가격을 인상하여 결국은 각각 π서1과 π남1의 이윤을 얻게

17) 남양유업과 매일유업의 비용구조도 서울우유와 동일하기 때문에 가격 인상이 이익이 된다.

된 것이다.

서울우유와 남양유업, 매일유업은 한국의 우유시장이 형성된 이후부터 지금까지 줄곧 과점시장의 체제를 유지하여 왔다. 우유의 특성상 판매량의 변화가 크게 일어나지 않고, 상품 차별화도 힘들다. 이러한 상황에서 3개 기업은 공격적인 이윤추구가 아닌 과거에서부터 과점시장을 전제로 한, 암묵적인 담합체제를 유지했을 가능성이 높다. 이번에 적발된 가격인상이 3개 기업에게는 처음 발생한 상황이 아니고, 과거에서부터 반복되어온 상황일 가능성이 높다는 의미이다. 그러므로 남양유업이나 매일유업의 입장에서 가격을 인상하지 않는 배반 전략보다 가격 선도기업인 서울우유의 가격인상에 동조하는 전략이 유리한 전략이다. 이에 초기에는 배반 전략을 사용하여 시장점유율 확대와 매출 증가를 추구했지만, 결국에는 서울우유의 가격인상에 동조했다고 볼 수 있다.

재무제표를 이용한 실증분석

지금까지 게임이론과 가격 선도모형을 이용하여 2008년 8월에 발생한 가격 인상에 대해 분석하였다. 여기서는 〈표 6〉의 우유업체 매출관련 계정을 이용하여 가격 인상의 효과를 검토하고자 한다.

서울우유는 2008년 하반기 우유 판매가격을 올림으로써 원유가격의 상승에도 불구하고 2009년 매출총이익이 전년 대비 42%

증가하였다.[18] 매출총이익은 매출원가보다 매출액의 상승률이 클 때 증가하기 때문에 매출총이익의 증가는 원유가격의 상승분을 판매가격에 전가하여 이윤을 추가로 창출했음을 의미한다. 남양유업과 매일유업의 매출총이익 또한 각각 13%와 11% 증가하였다. 매출총이익의 증가는 과점상태에서 가격 담합을 통한 전략이 회사 이익의 증대를 가져왔음을 나타낸다.

이 과정에서 서울우유를 필두로 3사가 모두 협조하여 가격을 올렸지만, 가격인상에 동참한 세 개의 대기업 중 서울우유의 매출총이익 증가율이 가장 높다. 이는 가격 선도자가 가장 많은 이익을 향유한다는 가격선도 모형의 이론적 설명에 부합한다.

매출관련 계정에 대한 실증 분석결과는 우유시장에서 과점기업들의 이윤이 가격인상으로 증가했다는 사실을 보여준다. 이러한 분석의 결과는 우유업체들의 담합을 뒷받침한다고 볼 수 있다. 우유업체는 원가, 즉 원유가격이 인상되어 판매가격 인상이 불가피하다고 주장할 수 있지만, 세 기업 모두 동일하게 17.8%의 가격인상을 단행하였고, 매출액이 큰 폭으로 상승했다는 점은 3대 기업의 담합을 뒷받침하는 증거라 할 수 있다.

---

18) 매출총이익 = 매출액 − 매출원가

〈표 6〉 2009년 3개 우유업체의 매출관련 계정 (단위 : 백만원)

구 분	서울우유	남양유업	매일유업
매출액	1,483,902	1,008,917	834,371
매출원가	1,215,306	733,894	603,153
매출총이익	268,596	275,022	231,218
전년대비 매출총이익 증가율	42%	13%	11%

자료. 전자공시시스템의 각 업체별 사업보고서

결론

한국의 우유시장은 3대 대기업에 의한 과점적 시장구조를 띄고 있고, 수요의 가격탄력성이 비탄력적이다. 본 논문에서는 경제이론에 입각하여 담합 행위를 실증적으로 추론하였다. 우유업체의 원가와 수요의 가격탄력성 분석, 가격 선도모형을 중심으로 한 게임이론을 통해 과점기업들의 가격인상이 기업에게 더욱 이익이라는 점을 이론적으로 증명하고, 재무제표를 이용하여 실증적 분석을 실시하였다. 특히 가격인상 이후 우유시장 과점기업들의 이윤이 증가했다는 분석결과는 우유업체들의 담합을 뒷받침해 주는 실증적 자료라 할 수 있다.

공정거래위원회는 이번 조사에 꽤 큰 무게를 두고 조사를 하고 있다. 서민들의 생필품 물가상승을 조장하는 담합에 대해서는 엄중히 처벌하겠다는 방침이다. 기업체가 원가 인상을 빌미로 자신들의 이윤추구를 위해 담합 등의 불공정한 방식으로 가격을 인상을 할 경우 서민들의 부담이 증가하게 된다. 그러므로 향후 한국 우유시장의 구조에 대한 보다 엄밀한 연구가 필요하다.

참고문헌

안병일(2006). “백색시유 가공업자의 시장 지배력 추정”, 농촌경제 29(2): 39-54.

안병일(2006). “주요 유제품의 수요함수 추정”, 농업경영·정책연구 33(4): 1068-1084.

전자공시시스템(2008-2009). 매일유업, 남양유업 분기/반기 사업보고서, 매일유업, 남양유업 사업보고서

이준구(2005). 『미시경제학』, 법문사.

뉴시스(2009). “서울우유 고무줄 우유 값”, 기사

매일경제신문(2010). “공정위, 우유업체에 과징금 부과”, 기사

Social Commerce는 소비자지불의사를 하락시키는가?

김세련, 김남준, 이형근, 안필중

Social Commerce, 매력적인 할인율

스마트폰 보급 대수가 2011년 1600만대의 기록을 경신했다. 대한민국의 국민 4명당 1명은 스마트폰 이용자인 것이다. '트위터 Twitter', '페이스북 Facebook'으로 대변되는 인터넷 상의 인맥 연결 시스템, 이른바 소셜 네트워크 서비스는 스마트폰 보급률이 높아짐에 따라 전 세계적인 붐 Boom이 되었다. 서로의 정보를 실시간으로 공유할 수 있다는 점이 가장 큰 매력으로 작용한 것인데, 소셜커머스는 IT시장이 직면한 소비자들의 '새로운 의사소통 방식'을 가장 잘 활용한 시장이라고 할 수 있다.

평소 즐겨 찾던 카페, 음식점의 메뉴들을 어느 날 갑자기 '하루 동안만' 50%, 60% 이상 저렴한 가격에 구입할 수 있다면 사람들이 지인들에게 그 사실을 알리고 싼 가격 덕을 함께 보고 싶어지는 것은 당연지사라 할 수 있다. 24시간이라는 시간 제약과 판매수량 제약이 소비자들의 구매 욕구를 더욱 부추기게 된다. 유용한 정보를 공유하고 금전적 이득을 보는 꿀맛을 느끼기에 소셜 네트워크 서비스는 더할 나위 없는 창구역할을 해 줬다. 그 흐름을 타고 소셜커머스 시장규모는 급격히 커졌고, 이내 소셜 네트워크에서 독립하여 자신만의 독자적 사업 영역을 형성했다.

음식, 음료, 미용, 패션, 놀이동산, 해외여행, 가전제품, 가구 등 소셜 네트워크가 취급하는 상품은 우리가 접할 수 있는 거의 모든 상품으로 확대되고 있다. 하루 한 번 어김없이 날아오는 '마카오 여행 76% 할인'과 같은 유혹적인 제목의 이메일, 지하철과 버스에서도 쉽게 찾아 볼 수 있는 '오늘만 반 값'을 강조하는 문구들. 제 값을 주고 상품을 구매하는 것이 아깝게까지 느껴지는 요즈음 자신이 원하는 상품의 할인 쿠폰을 찾아 헤매는 20대 학생과 30대 직장인들이 생기고 있다.

이러한 광범위한 상품할인과 쿠폰족의 등장을 단순히 누이 좋고 매부 좋은, 꿩 먹고 알 먹는 현상으로 볼 수 있을까? 제 값에 상품을 팔아도 성공하지 못 하는 기업들이 많은 현실을 생각하면 이런 '반값 할인'을 통해 소비자와 기업이 상생할 수 있는 지가 궁금해진다. '점포정리', '떨이'식 판매가 아닌 이상 이런 파격적인 할인율을 제시 받는 소비자는 사는 사람이야 좋다만 파는 사람은 손해가 아닐 지를 한 번쯤 생각하게 된다.

본 연구는 소비자들 사이에 일파만파 번져가는 쿠폰소비 현상의 문제점을 확인해 볼 필요성에서 출발했다. 소셜커머스는 왜, 어떻게 파격적인 할인율을 제시할 수 있는지, 이런 소비 패턴이 소비자와 공급자에게 어떤 영향을 미치는지, 그리고 문제점과 대응방안은 무엇인지를 분석해 본다.

손실기피적 태도 Loss Aversion Effect

사람은 일단 자신의 손에 들어온 것을 놓치지 않으려 한다. 이를 행동경제학에서는 '손실기피(혐오)'적 태도라 일컫는다. 예를 들어 길을 가다 100원짜리 동전을 주웠을 때의 만족감보다는 길을 가다 100원을 흘렸을 때 느끼는 손해가 더 크게 다가온다는 의미이다. 가장 널리 알려져 있는 손실기피적 태도는 자동차 판매원의 사례다. 똑같은 자동차를 A판매원은 풀-옵션을 먼저 제시하고 하나하나 부가 기능을 제거해 나가며 가격을 낮추고, B판매원은 노-옵션 상태에서 하나하나 기능을 붙여가며 가격을 올려가며 판매할 때 더욱 많은 옵션을 팔게 되는 판매원은 A가 된다. 사람들은 무언가를 잃는 것을 방어하려하기 때문이다.

손실기피적 태도를 소셜커머스에 적용해 볼 수 있다. 쇼셜커머스를 이용할 경우 탐색비용search cost (시간, 노동, 인터넷 비용 등)을 조금만 더 투자한다면 반값이상 할인된 상품을 구입할 수 있다.

파격적인 할인을 제시한 공급자는 홍보를 통해 고객을 유치하고, 고객들이 재구매하기를 기대할 것이다. 그렇다면 소비자들은 소셜커머스를 이용해 저렴한 가격에 이용했던 상품이나 서비스를 기꺼이 원래의 가격을 지불하고 소비하려고 할까? 할인 쿠폰 이용 이후 소비자들이 원래의 가격을 지불하려는 의사를 가지지 않는다면 상품공급자는 마케팅 비용 투자의 효과를 보지 못하게 된다. 그런데 실제로 소비자들은 동일한 상품을 원래 가격으로 재구매하는 데 관심이 없어 보인다. 한 번 싼 값에 이용해봤으면 그 뿐, 새로운 할인상품을 찾아 나서기 때문이다. 절반 이하의 가격으로 구매했던 상품을 제 값에 구매하게 되는 상황을 손해로 느끼는 태도가 소셜커머스에서 나타나는 손실기피적 태도다.

쿠폰 사용은 지불의사 금액을 감소시키는가?

소셜커머스를 통한 할인 쿠폰 사용이 소비자의 지불의사 금액을 감소시키는지를 남녀 160명을 대상으로 한 설문조사 결과를 이용한 회귀분석을 통해 검증하였다. 할인 상품을 재구매할 경우의 지불의사금액, 나이, 성별, 소셜커머스 이용경험, 월 평균 지출액 등을 조사하고, 지불의사금액을 종속변수로 하는 회귀모형을 추정하였다. 〈표 1〉의 모형 추정결과 소셜커머스 이용 경험이 있는 소비자의 경우 그렇지 않은 소비자에 비해 통계적으로 유의한 수준으로 지불의사가 낮게 나타났다. 이는 소셜커머스를 통해 쿠폰 할인을 경험한 소비자가 재구매시 지불의사 금액이 감소함을 의미한다. 소셜커머스를 통해 쿠폰 할인을 제공하는 상품 공급자는 홍보를 위해 할인 전략을 사용했지만 소비자의 지불의사를 낮추는 부정적인 결과를 초래하였다.

〈표 1〉 할인 상품을 재구매할 경우의 지불의사에 영향을 미치는 요인분석을 위한 회귀모형 추정 결과

구 분	계수값	t-값	p-값
절편항	30.453**	5.091	0.0323
연령	2.642***	18.572	0.0002
성별	-2.469	-1.306	0.1936
소셜커머스 이용경험	-89.311***	-31.204	0.0003
월 평균 지출액	0.236***	43.272	0.0000
소셜커머스 이용경험 × 월 평균 지출액	-0.133***	-21.092	0.0004
R^2	0.897		

주. 계수값의 *(**, ***) 표기는 해당 계수값이 10%(5%, 1%) 유의수준에서 통계적으로 유의함을 의미

적절한 할인율 찾기 : 에스테틱을 중심으로

손실기피적 태도는 여성이 남성보다 강하다고 알려져 있다. 여성이 남성보다 쿠폰가격이 아닌 제값을 주고 재화를 구매하기 싫어하는 경향이 강하다는 의미이다. 본 연구에서는 이를 고려하여 여성 구매 비중이 비교적 높은 에스테틱 esthetic (피부/미용업체가 제공하는 서비스)을 중심으로 논의를 발전시키고자 한다. 소셜커머스에서 에스테틱은 요식업에 이어 판매액 2위를 차

지하는 상품으로 소셜커머스의 장기적인 수익성 측면에서 에스테틱 할인에 대한 소비자의 손실기피적 태도는 중요한 이슈라 할 수 있다.

에스테틱에 대한 연구를 위해 20~40대 남녀 60명을 대상으로 설문조사를 실시하였고, 설문 문항은 〈표 2〉와 같다.

〈표 2〉 소셜커머스를 통해 판매되는 에스테틱 할인에 대한 손실기피적 태도 분석을 위한 설문문항

A스파는 최상의 서비스를 제공하는 에스테틱으로서 '안티에이징 + 복부슬리밍'의 가격은 16만 5천원입니다.

Q1. 여러분은 어느 정도 가격이면 구매하실 의향이 있으십니까?

Q2. 위 제품이 10% 할인하여 148,500원에 팔린 적이 있다면, 얼마에 구매하실 의향이 있으십니까?

Q3. 위 제품이 20% 할인하여 132,000원에 팔린 적이 있다면, 얼마에 구매하실 의향이 있으십니까?

(이하 10% 단위로 할인율 90%까지의 지불의사에 대해 질문)

설문조사 결과 할인율이 커질수록 평균 지불의사금액이 더 크게 감소하였다(그림 1). 설문 결과를 이용하여 평균 지불의사를 종속변수, 할인율이 설명변수인 선형 회귀모형을 추정한 결과 할인율 1%가 증가할 경우 평균 지불의사는 약 1173원 감소하였다. 이는 할인율이 높을수록 제값을 주고 구매할 경우 '손해를 본다'는 인식, 즉 손실기피적 태도가 심화될 수 있음을 의미한다. 그러므로 소셜커머스를 통한 할인전략은 프로모션 효과를 기대하는 공급자에게 불리한 결과를 가져다 줄 수 있다.

〈그림 1〉 에스테틱 할인율별 지불의사에 대한 설문조사 결과

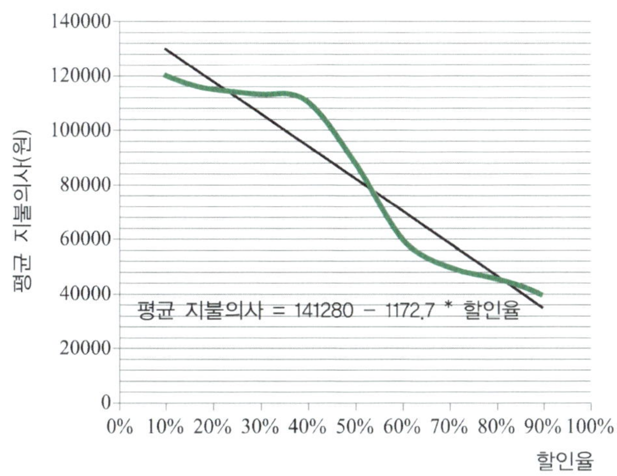

'적정' 할인율은 얼마일까?

그렇다면 소셜커머스를 활용하는 공급자의 입장에서 어느 정도 할인율이 적정할까? 본 논문에서는 〈그림 2〉에서 보는 바와 같이 설문 응답자의 평균 지불의사금액(약 120,450원)에 해당하는 할인율 27%에서 손실기피적 태도로 할인율에 따른 지불의사 금액이 급격히 감소하기 직전인 할인율 40%까지의 구간을 적정 할인율 구간으로 설정하였다. 이는 할인 적용 가격이 평균 지불의사금액보다 비싸다면 쿠폰을 구매할 용의가 생기지 않을 가능성이 높고, 다른 한편으로 손실기피적 태도가 심화되어 할인율에 따른 지불의사금액이 현저히 감소하는 구간에서는 할인이 수요를

견인하는 역할을 하지 못한다고 판단했기 때문이다.

〈그림 2〉 에스테틱에 대한 적정 할인율

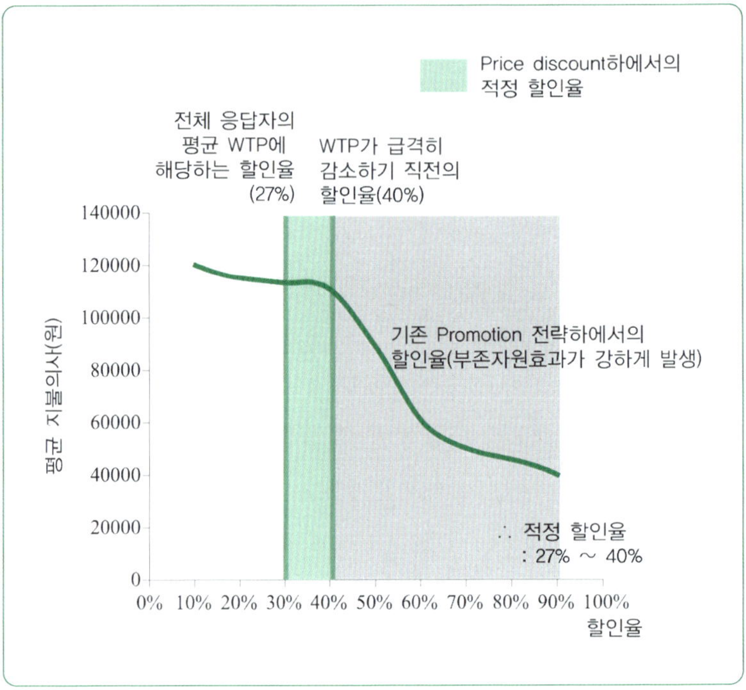

소셜커머스, 무턱대고 깎아대면 거지꼴 못 면한다.

'저렇게 팔아서 남는 게 있을까?'라는 간단한 의문점에서 출발한 본 연구는 소셜커머스를 통해 일정 수준 이상의 할인을 경험할 경우 소비자들의 지불의사가 감소할 수 있음을 제시하였다. 특히 피부/미용업체가 제공하는 서비스인 에스테틱을 대상으로 할인율과 지불의사 사이의 관계를 분석한 결과 할인율이 높아질수록 지불의사가 더 크게 감소하는 S자 형태의 관계가 나타났다. 물론 상품별로 소비자들이 느끼는 '적정 가격'의 수준과 기꺼이 쿠폰을 구매하게 만드는 '매력적인 할인율' 수준 등이 다르기 때문에 소셜커머스에서 판매되는 모든 상품에 대해 이러한 분석결과를 적용하기는 어렵다. 향후 본 연구에서 제시된 방법론을 다른 상품으로 확대하여 상품별 분석을 할 수 있으리라 기대된다.

본 연구는 '과유불급(過猶不及)'이라는 시사점을 가진다. 소셜커머스라는 '중개상'의 본래 취지는 상품 공급자와 연계하여 소비자가 싼 값에 상품을 '경험'해 보고, 장기적으로 상품을 경험한 소비자를 업체의 고객으로 전환해 주는 데 있다. 만약 소셜커머스가 상품 공급자의 고객유치라는 목적을 간과하여 쿠폰 판매 증대를 위해 소비자들의 눈길을 끌 수 있는 높은 할인율을 책정한다면, 손실기피적 태도를 보이는 소비자는 쿠폰 이용 후 등을 돌릴 가능성이 높다.

실제로 서울시 성북구의 '모(某) 에스테틱' 업체 대표자와 전화 인터뷰를 한 결과, '다시는 소셜커머스를 이용하지 않겠다',

'장부상의 엄청난 손해가 발생했다', '고객선별이 되지 않아 쿠폰을 사용하는 고객에게 서비스를 제공하는 데 있어서 어려움이 컸다'는 등 소셜커머스에 대해 상당한 거부 반응을 보였다. 또한 연구를 위한 자료 조사 중 일부 공급업체는 소셜커머스를 부정적으로 인식하고 있었다. 한 영세업체는 시도 때도 없이 찾아오는 소셜커머스를 향해 '땡칠이'라는 코미디쇼에 등장하는 개의 호칭까지 붙이는 것을 볼 수 있었다.

어느 날 갑자기 소비자들 앞에 모습을 드러낸 할인 '괴물' 소셜커머스. 고객을 오히려 잃어버리는 상품공급자도, 상품공급자가 이용하지 않는 소셜커머스도, 다양한 서비스 혜택을 누리지 못하는 소비자도 피해를 볼 수 있다. 상생을 위해 소비자, 공급자, 그리고 소셜커머스의 노력이 필요한 시점이다.

연극 할인, 어디까지 받아봤니?

이영찬, 김상훈, 문소현, 박은정

2011년 8월, 여자 친구와 대학로로 연극을 보러간 대학교 2학년생 민욱이는 오랜만에 연극을 보고 싶다는 여자 친구를 위해 거금 6만원을 들여 한 장에 3만원씩 하는 연극 티켓을 현장에서 구입하였다. 재밌게 연극을 보고 나온 민욱이는 나오는 길에 같은 과 친구 종길이와 종길이 여자 친구를 만났다. 알고 보니 같은 연극을 보고 나온 두 사람! 한창 연극에 대한 얘기를 하다가 민욱이는 대학생이라 돈도 없는데 연극이 왜 이렇게 비싸냐는 푸념을 했다. 그러자 종길이가 말하길, 3만원으로 여자 친구와 둘이 연극을 보고 왔다는 것이다. 사전에 예약할 경우 다양한 할인 방법이 있다는 것을 알아낸 민욱이는 갑자기 속상해졌다. 당일 현장에서 티켓을 구매한 민욱이는 비싸게 연극을 볼 수밖에 없었던 것이다.

연극 할인은 왜 이렇게 많고, 복잡할까?

대학로에는 현재 100개가 넘는 연극을 공연하고 있다. 잘 알려진 유명한 연극도 있지만, 소극장에서 공연 중인 소규모 연극들도 많다. 연극의 장르 또한 스릴러, 드라마, 공포 등 다양하고, 연극의 주제 역시 영화 못지않게 다양하다. 그리고 연극에는 다양한 종류만큼이나 다양한 할인 방식이 있다.

〈그림 1〉은 〈늘근도둑이야기〉 티켓 할인 정보 중 일부이다.

〈그림 1〉 늘근도둑이야기의 할인 전략 사례

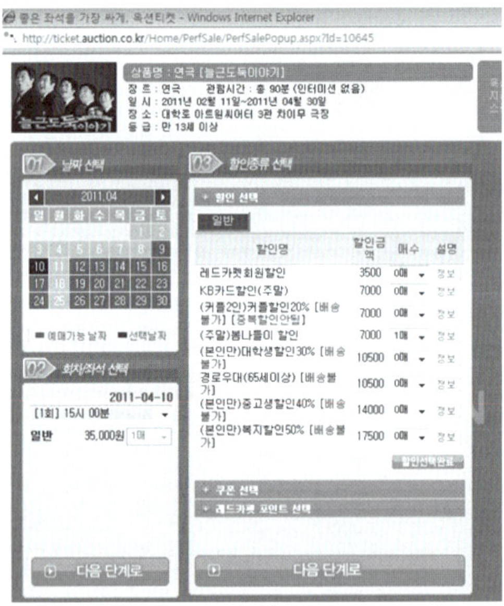

자료. 옥션(4월 1일 기준)

청소년 할인, 제휴 할인 등 다양한 할인 정책들을 볼 수 있다. 또한 연극마다 독특한 특별할인을 실시하고, 특별한 할인들은 개별 연극마다 2 ~ 4개 정도가 있다. 극단은 차별성을 보이기 위해 특별한 할인 정책들을 내세워 소비자들을 모으고 있다.

대부분의 연극들이 공통적으로 시행하고 있는 할인 정책을 〈표 1〉에 정리하였다. 보상 할인을 제외한 다른 할인들은 연극에서 뿐만 아니라 다른 곳에서도 흔히 볼 수 있다. 보상할인은 재관람, 매니아 할인, 조기예매 할인으로 나눌 수 있다. 재관람, 매니아 할인은 미래의 소비자를 유인하기 위해서이고, 조기예매 할인은 소비자가 빨리 예매를 해줌으로써 티켓 판매의 불확실성을 낮춰준 것에 대한 대가이다.

〈표 1〉 연극 티켓 할인 유형

구 분	세부 할인 정책
계절 할인	주중 할인, 비성수기 할인
나이대별 할인	청소년 할인, 대학생 할인, 경로우대
수량 할인	3인 동반 할인, 4인 가족 할인
제휴 할인	옥션/인터파크 할인, 제휴대학 할인, 제휴카드 할인
보상 할인	재관람/매니아 할인, 조기예매 할인
기념 할인	앵콜 기념 할인, 기념일 할인, 3000회/30만 관객 돌파 기념할인

이렇듯 대학로 연극에는 매우 다양한 할인 방법들이 있기 때문에 연극을 관람하기 전에 조금만 미리 알아보고 예매를 한다면 상대적으로 저렴한 가격에 연극을 즐길 수 있다. 관람 당일

현장에서 티켓을 구매할 경우 민욱이의 사례처럼 억울한 기분을 느끼기 십상이다. 그렇다면 다른 재화보다 연극에서 유독 할인 방법이 많은 이유는 무엇일까?

다른 재화보다 연극에서 유독 할인 방법이 많은 이유

대학로 연극계의 적극적인 가격차별 정책은 공연 수익과 관객 수를 극대화하기 위한 전략이라고 볼 수 있다. 일반적인 기업들은 수익극대화를 목표로 상품가격을 책정하지만 연극 티켓은 수익극대화와 관객 최대화라는 목표를 동시에 추구한다. 다음과 같은 연극산업의 특징이 티켓 가격 설정에 영향을 주기 때문이다.

우선 연극을 포함한 문화예술 산업은 공공재의 성격을 갖는다. 연극산업의 공공성과 예술성은 스폰서의 기부와 정부의 지원기금 조성의 근거이다. 티켓 수입만으로는 수익을 내기 어렵기 때문에 기금 수입은 연극산업의 수익에 있어 큰 비중을 차지한다. 각종 지원을 받는 예술 산업의 사회적 기능이나 책임을 고려해볼 때 수익을 극대화하기 위한 고가 전략은 제약이 있다. 과도한 티켓 가격 인상이 소비자들의 거부반응을 유발할 수 있고, 공공예술시설과 계약을 맺은 경우에는 관객 최대화가 티켓 수입 증대보다 중요하기 때문이다.

관객수를 극대화하는 가격전략은 장기적인 관람 수요를 확보해서 수익을 개선하는데 긍정적인 역할을 한다. 관심이 없던 사람들이 연극을 관람함으로써 흥미가 생기면 꾸준히 연극을 관람할 수도 있다.

연극은 경험재이기 때문에 높은 예매 순위를 보고 관람할 연극을 선택하는 관객들도 있다. 재화와 서비스는 재화의 가치 판단 시점을 기준으로 탐색재와 경험재로 구분되는데 연극은 경험재에 속한다.[19] 연극을 관람하기 전까지 이 작품이 어떤 성격의 작품이고 우리에게 어떤 가치를 제공할지 알 수 없기 때문이다. 연극 공연의 흥행이 관람후기와 과거 흥행성적에 민감하고 특히 입소문 마케팅이 유효한 것도 경험재적 성격 때문이다.

경험재는 반복적인 경험을 통해 후천적인 기호를 형성시킨다. 태어날 때부터 술이나 담배를 좋아한 사람은 없다. 지속적인 경험을 통해서 이런 재화에 대한 자신의 기호를 발견하거나 형성한다. 켈로그 경영대학원 교수인 필립 코틀러Philip Kotler는 저서 『전석매진』에서 예술단체가 관객 최대화를 이룰 수 있는 가격을 선호하는 이유로 긍정적인 입소문과 스폰서 증가를 꼽기도 했다.

비용 측면에서 가격차별과 할인정책은 수익을 개선하는데 기여한다. 공연을 위해 일정 기간 극장을 빌리기 때문에 관객이 단 한명도 없더라도 공연은 해야 하고, 계약에 따라 대관료와 인건비를 지불해야하기 때문에 티켓 가격을 상승시키는 것보다 관객 수를 극대화시키는 것이 더 효과적이다.

다른 한편으로 빈 좌석을 채우기 위한 티켓 판매비용은 거의

19) 탐색재는 스마트폰이나 노트북처럼 구매하기 전에 상품의 특성을 쉽게 알 수 있는 재화다. 반면에 경험재는 재화를 구매하거나 사용하기 전까지 특성을 알 수 없는 재화를 말한다.

없다. 이미 티켓 판매를 위한 인력은 존재하고 인터넷 예매가 보편화되어 있기 때문이다. 관객 수요를 예상할 수 있는 경우나 이미 공연 상영이 예정된 연극이라면 할인율을 많이 높여서라도 빈 좌석을 채우는 것이 수익증대에 더 도움이 된다.

대학로의 연극티켓 가격이 천차만별인 이유 중 하나는 다른 재화에 비해 연극의 가격에 민감하게 반응하는 소비자가 많기 때문이다. 그리고 구매시기별로 소비자들의 가격 민감도를 구별하기가 비교적 용이하다는 점도 있다. 극단들은 다양한 가격 민감도에 맞추어 소비자들을 구별하기 위해 각각 다른 가격대의 다양한 할인 정책을 시행하며 그만큼 다양한 소비자들을 유인하고 있다고 볼 수 있다. 연극에 대한 관심도가 높은 소비자일수록 연극에 대해 더 많은 정보를 수집하여 더 많은 할인 방법을 찾고, 가격에 민감해지는 특성을 반영하여 그들의 니즈needs를 충족시키는 전략을 택하고 있는 것이다.

우리는 연극 소비자를 타임킬링 타입, 엔터테인먼트 타입, 매니아 타입 등 세 가지 유형으로 분류해 보았다(표 2). 타임킬링 타입은 세 유형중 가장 가격에 둔감한 소비자이다. 평소 연극에 크게 관심이 없고, 정보 획득에도 적극적이지 않다. 시간을 때우기 위해서 연극을 보기 때문에 티켓을 구매하는 시기도 관람일 당일이 대부분이고, 할인혜택 없이 정가를 지불하고 관람하는 경우가 많다.

가장 가격에 민감한 반응을 보이는 유형이 매니아 타입이다. 소비자가 매니아 타입으로 변해갈수록 연극 가격에 민감해지고,

할인받을 수 있는 다양한 방법을 모색하는 경향을 보인다. 연극의 경험재적 특성에 따라 예술 공연을 경험하면서 후천적인 기호가 형성되고, 기호가 발달할수록 관심도가 높아져 매니아 타입으로 옮겨간다고 볼 수 있다.

〈표 2〉 연극 소비자의 관람 유형별 특징

구 분	타임킬링 타입	엔터테인먼트 타입	매니아 타입
수요함수	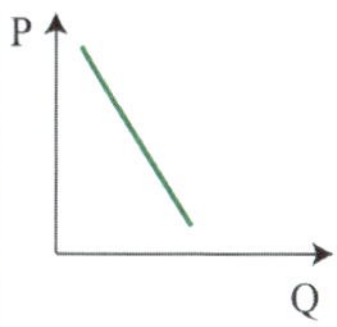	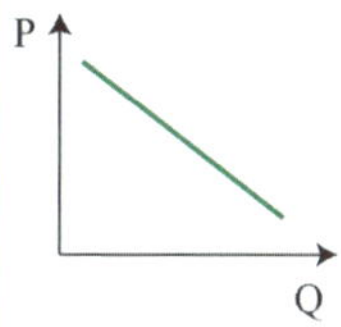	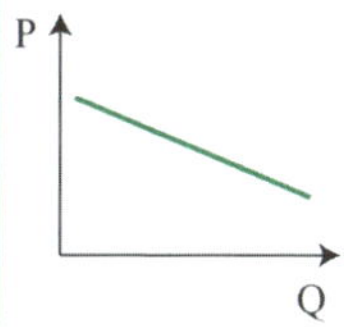
관심도	↓	↑	↑↑↑
정보획득경로	주위사람들	인터넷, 방송매체	인터넷, 동호회
구매방식 (시점)	관람당일(현매)	관람당일로부터 5~10일 이내 (현매, 인터넷 예매) 신용카드 할인 적용	1~2개월 전 (인터넷 예매) 신용카드 할인, 이벤트 할인, 동호회 할인 등 다양한 할인 적용

가격할인 전략과 수익성

할인과 가격차별 정책으로 더 많은 수익을 기대할 수 있다. 그러나 시장 상황을 고려해보면 이야기는 조금 달라진다. 대학로 연극계는 같은 시장에서 다수의 극단(공급자)이 경쟁하는 시장이고, 기호가 발달할수록 소비자들의 가격민감도는 증가하기 때문에 가격 인하압력이 지속적으로 발생할 수 있다. 극단 간에 가격

경쟁이 유발되는 것이다.

토마스 네이글Nagle, Thomas T의 『프라이싱 전략』에 의하면 가격경쟁은 크게 비(非)전략적 가격경쟁과 전략적 가격경쟁으로 나뉜다. 비전략적 가격경쟁은 관객을 확보하기 위해서 무작정 상대방의 가격 인하에 대응해 가격을 인하하는 것이다. 이는 대학로 연극 극단의 수익률을 악화시키고 연극의 질을 하락시키기 때문에 관객들의 효용도 하락시킨다. 비전략적 가격경쟁은 모든 연극 극단의 네거티브 섬 게임negative- sum game이라고 볼 수 있다. 전략적 가격경쟁은 경쟁우위를 전략 기준으로 삼아 가격경쟁에 대응하는 방식이다. 무조건 가격 수준을 낮추는 것이 아니라 경쟁우위 달성을 통해 지속적인 수익성 창출을 도모하는 것이 핵심이다. 어느 기업이 핵심역량에서 우위를 갖고 있다면 경쟁 기업보다 가격이 비싸더라도 높은 시장점유율을 유지할 수 있기 때문이다.

전략적 가격책정 방법

연극에서 핵심 역량은 컨텐츠의 질, 공연 내용으로 볼 수 있다. 전략적 가격경쟁을 위해서는 공연의 내용과 질을 반영하는 가격책정이 필요하다. 이 연구에서는 컨텐츠를 기반으로 하는 가격책정 전략들을 연극 티켓 가격의 대안으로 제안해 본다.

'Pay As You Wish' 전략

첫 번째 전략은 'Pay As You Wish(원하는 대로 지불하라)' 전략이다. 이는 소비자들이 스스로 가격을 책정해 지불할 수 있도록 하는 전략이다. 라디오헤드Radiohead는 〈in rainbows〉 앨범을 팬들에게 원하는 대로 지불하도록 했고 많은 이들이 우려했던 바와 달리 성공적이었다. 라디오헤드의 성공적인 마케팅 이후 많은 분야에서 'Pay As You Wish' 전략을 적용하고 있다. 예를 들어 뉴욕의 노구치 박물관은 일주일의 하루를 'Pay As You Wish' 데이로 정해서 더 많은 사람들이 이사무 노구치의 예술을 즐길 수 있는 기회를 제공하고 있다. 심지어는 호텔이나 레스토랑, 문화 산업, 서비스 분야 등 다양한 분야에서 이 전략을 시도하고 있다.

'Pay As You Wish' 전략은 흥미를 유발시켜 많은 소비자들을 끌 수 있을 뿐만 아니라 기업의 이윤 증대에도 큰 효과가 있다. 모든 소비자들이 자신의 지불의사금액만큼 가격을 지불한다면 1급 가격차별의 효과가 발생한다. 이 경우 기업은 소비자 잉여를 모두 생산자 잉여로 흡수하여 이윤을 증가시킬 수 있다.

그러나 소비자들은 자신의 지불의사금액보다 싼 가격을 지불하려는 경향이 강하다. 이것이 자신들에게 이익이 되기 때문이다. 'Pay As You Wish' 전략을 적용할 때 극단적으로 공짜로 연극을 보는 이도 생길 수 있다.

'Pay As You Wish' 전략이 성공하기 위해서는 몇 가지 조건들이 필요하다. 먼저, 제품의 한계비용[20]이 낮을수록 이 전략이 효과적이다. 즉 추가적인 생산으로 인한 비용이 작다는 것을 의미한다. 한계비용이 낮으면 추가적인 구매가 많을수록 좋고, 각 개인 당 지불하는 금액이 한계비용보다 높다면 이윤을 얻을 수 있다.

둘째, 생산자와 소비자 간에 긴밀한 관계가 생길수록 이 전략이 성공할 가능성이 높아진다. 라디오헤드의 경우 소비자들 대부분이 라디오헤드의 오랜 팬이었다. 이들은 라디오헤드의 과거 앨범을 구매한 경험이 있고, 라디오헤드의 노래를 좋아해 온 사람들로서 라디오헤드에게 높은 신뢰와 충성도를 가지고 있다. 그러므로 앨범에 대해 높은 가치를 부여하고 자신이 지불하고 싶은 금액을 지불했다.

마지막으로 〈그림 2〉에서 보는 바와 같이 소비자 지불의사금액의 분포가 넓을수록 좋다. 또한 최소 지불의사금액인 0을 기준으로 분포가 넓어질수록, 즉 고액의 지불의사를 제시하는 소비자가 늘어날수록 평균적으로 더 높은 이익을 얻을 가능성이 커진다.

---

20) 하나의 재화를 추가로 한 단위 더 소비할 때 소요되는 추가적인 비용

〈그림 2〉 하한이 0원으로 고정된 경우 지불의사금액의 분포 변화와 평균의 변화

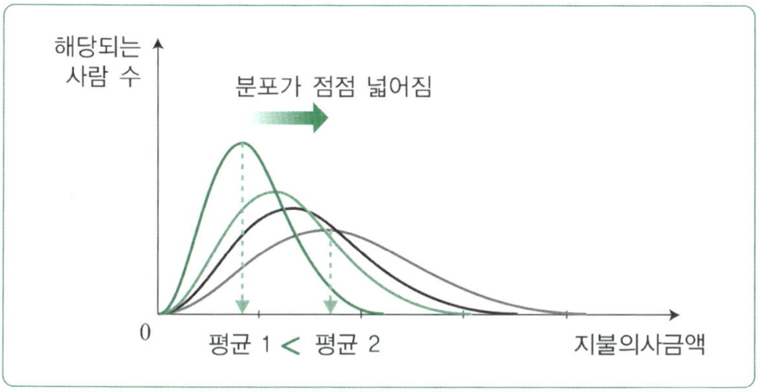

그렇다면 과연 이 전략이 연극티켓 가격 결정에도 쓰일 수 있을까? 이미 언급했듯이 연극은 한계비용이 낮다. 따라서 첫 번째 조건은 만족한다고 할 수 있다. 다음으로 연극이 경험재라는 특성을 이용하면 소비자와 생산자 간의 유대관계를 높일 수 있다. 연극은 보기 전에는 그 가치를 예측하기 힘드나 연극을 관람하고 난 후에는 같은 공간 안에서 관객과 소통한다는 특성 상 배우들과 관객 간의 특별한 유대감이 생기게 된다. 따라서 연극을 소비하고 난 후에 사람들에게 '원하는 대로 지불하라' 라고 한다면 사람들은 높아진 유대감 덕분에 자신들의 지불의사금액을 높일 가능성이 커진다.

이런 가격책정 방식은 연극 작품의 질을 높이는 경쟁을 불러일으킬 수 있다는 점에서 긍정적이다. 질이 높을수록 사람들은 그만큼 높은 효용을 얻게 되고 높은 금액을 지불할 것이기 때문에 가격 경쟁이 아닌 품질 경쟁이 이뤄질 것이다.

한편 이 정책의 한계점은 양질의 연극이 보장되어야 한다는 점이다. 이는 극단의 자금 문제를 심화시킨다. 또한 대학로의 연극 소비자들이 대부분이 소득이 없는 대학생이라는 점에서 아무리 지불의사금액이 높아도 실제로는 내지 않을 확률이 높다. 따라서 'Pay As You Wish'라는 정책의 경우 극단의 재무상태가 불확실해진다는 점에서 한계를 가진다.

자동할인가격 전략

자동할인가격 전략은 일정기간이 지난 후에 자동으로 가격이 할인되게 하는 방법으로 의상 마케팅에 주로 쓰인다. 소비자들에게 언제, 어느 정도 할인될지에 대한 정보가 제공되기 때문에 소비자들은 자신의 지불의사금액에 맞는 할인금액일 때에 맞춰 제품을 구매하게 된다. 한 예로 미국의 한 의류 브랜드에서는 일정기간이 지날 때 마다 할인율이 점차 높아지도록 만들었다. 이러한 정보를 소비자들에게 모두 제공한 상태에서, 지불의사가 크고 유행에 민감한 소비자는 제품이 매진되기 전에 구매하려고 하므로 할인율이 낮을 때 또는 원가에 산다. 반면 유행에 민감하지 않고 보다 낮은 지불의사를 가진 소비자라면 더 낮은 가격으로 할인될 때까지 기다렸다가 사는 경향을 보인다. 이를 통해 소비자들은 스스로 자신들의 지불의사금액을 표출하게 되므로 '원하는 대로 지불하라' 전략과 마찬가지로 기업은 더 높은 이윤을 얻을 수 있다.

자동할인가격방식이 원활하게 이루어지기 위해서는 제품에 희소성의 가치가 있어야 한다. 의류의 경우 일부 사람들에게 트렌드를 따라가는 것이 중요하므로 희소성의 가치를 지녔다고 할 수 있다. 그들에게는 가격을 할인받는 것보다 트렌드에 맞는 옷을 사는 것이 더 중요하기 때문에 높은 지불의사를 가지고 있으므로 할인율이 높아지기 전에 구매한다. 그러나 희소성을 지니지 않은 재화는 높은 가격에 빨리 사야할 인센티브가 없기 때문에 이러한 가격책정방식이 효과적이지 않다.

그렇다면 과연 자동할인가격방식을 연극티켓 가격결정에 적용할 수 있을까? 연극티켓을 높은 가격에 일찍 예매를 할 경우 좋은 자리를 예매할 수 있다. 그런데 소극장에 소비자들이 매력적으로 느끼는 희소성을 가진 자리가 있을까? 규모가 작은 소극장은 각 자리마다 연극을 보는 데 차이가 별로 없다고 생각하기 쉽고, 실제로 모든 좌석을 동일한 가격으로 판매하거나 모든 좌석을 자유석으로 지정하기도 한다. 그럼에도 불구하고 '명당자리'는 있다. 인터넷에서 각 공연마다 좋은 자리를 소개하는 것을 찾아볼 수 있는데, 명당자리는 개별 연극의 특성에 따라 달라진다. 예를 들어 연극이 대부분 두 사람의 만담으로 이루어지는 '늘근도둑 이야기'는 배우들의 이야기가 가장 잘 들리고, 가까이서 연극을 느낄 수 있는 앞자리가 명당자리이다. 이에 반해 자리가 불편한 보조석, 배우들의 이야기가 잘 들리지 않을 뒷자리 등은 피하는 것이 좋다.

연극 매니아들에게는 자리 미확보에 대한 두려움이 가격할인으로 인해 받을 수 있는 효용 증대보다 크다. 이는 〈그림 3〉의 가치함수 그래프를 통해 알 수 있다. 가치함수란 사람의 효용이 손익이 변함에 따라 어떻게 변화하는가를 나타낸 함수이다. 가치함수 그래프를 보면 손해가 한 단위 늘어날 때 효용의 감소가 이득이 한 단위 늘어날 때의 효용의 증대보다 더 크게 일어난다. 연극 매니아의 경우 자리를 확보하지 못해서 잃게 될 효용이 가격 할인으로 얻은 이익 증가에 대한 효용 증가분보다 더 클 가능성이 높다. 그러므로 매니아들은 자동가격할인방식 하에선 명당자리 미확보에 대한 두려움 때문에 할인 기회를 노리기보다는 서둘러 티켓 예매를 할 것이다.

〈그림 3〉 가치함수 그래프

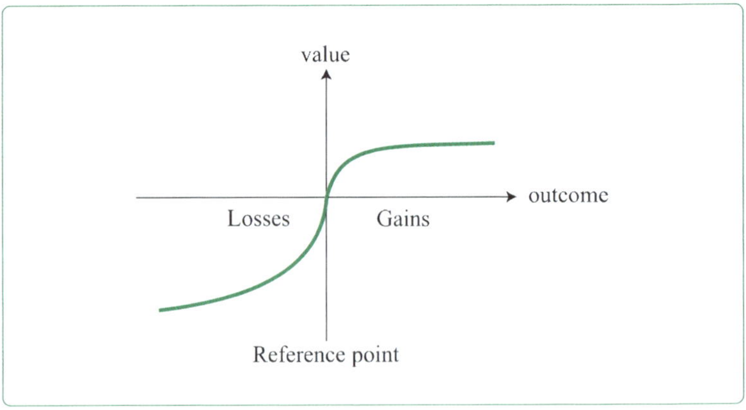

자동할인가격방식은 좌석별로 연극을 감상하는데 차이가 많이 나지 않는 소극장이나 연극에는 효과적이지 않다. 반면 대규모

극장에서 공연하는 유명 연극은 이용하는 소비자가 많고, 입소문이 퍼지기 쉽기 때문에 명당자리에 대한 수요가 일기 쉽다.

만원의 행복 전략

세 번째로 '만원의 행복'이라는 방식을 제안한다. 만원을 내면 대학로 내 소극장에서 공연하는 연극들을 자유롭게 볼 수 있도록 하는 방식이다. 비슷한 예로 2006년 대학로 소극장들이 무료 공연을 연 적이 있었다. 당시 연극에 대해 많은 관심을 불러일으켰고, 소비자들의 반응도 좋았다. '만원의 행복' 전략의 목표는 연극 소비자들의 관심 유발이다. 경험재라는 연극의 특성을 활용하여 소비자들이 다양한 연극을 경험함으로써 어느 정도 기호를 형성하면 연극 수요 증대를 꾀할 수 있기 때문이다.

'만원의 행복' 전략을 구체적으로 살펴보면, 연극협회 등을 통해 참여 극단들을 모집하고, 동의를 얻는다. 그리고 소비자들에게 만원을 받고 참여 극단들의 모든 연극을 볼 수 있는 티켓이나 팔찌 등을 제공한다. 이를 통해 얻는 수익은 참여 극단별로 동일하게 분배한다. 극단들은 후에 관객들이 티켓을 재구매하거나 입소문을 통해 티켓 구매가 촉진되는 것을 기대할 수는 있지만, 수익 증대를 기대하기는 어렵다는 한계가 있다.

'만원의 행복' 전략은 질적으로 우수한 연극의 수요 증가에 기여하리라 기대된다. 하루에 2~3편 정도이겠지만, 관객들이 '만원의 행복'을 통해 다양한 연극을 접함으로써 좋은 연극과 좋지 않은 연극을 구분하는 안목을 가지게 된다. '만원의 행복' 종료 후에 원래 금액으로 연극티켓을 구매할 일이 생기면 소비자는 좋은 연극을 재구매할 가능성이 높다. 이에 따라 작품성이 낮은 연극은 도태되고 양질의 연극이 살아남게 되어 각 극단은 가격이 아닌 질과 작품성으로 경쟁하게 될 것이다.

'만원의 행복' 전략의 한계는 극단 간의 합의 도출이 어렵다는 점이다. 작품성에 자신이 없는 극단은 이를 거부할 가능성이 높고, 작품성이 있는 작품을 공연하는 극단의 경우에도 반드시 수익이 보장되는 것은 아니기 때문에 합의에 적극적이지 않을 수 있다. 또한 다양한 연극을 경험할 수 있게 함으로써 잠재 수요를 창출하겠다는 목표와 달리 잠재 수요 창출이 이루어지지 못하거나 이루어진다고 해도 장시간이 소요될 수 있는 점도 한계다.

가격 전략의 시작, 재미있는 연극!!

대학로 극단들의 적극적인 할인정책은 연극 관람을 통해 관객들이 기호를 발견하고 연극을 지속적으로 관람할 수 있도록 하기 위해서이다. 관객 수와 관람후기가 공연 선택에 중요한 역할을 하는 만큼 효과적인 마케팅 전략이기도 하다. 연극과 같은 문화예술 산업에서는 관객 극대화와 수익 극대화라는 목표가 양립할 수 있다. 비용구조 측면에서도 이미 공연이 예정된 연극은 관객이 있든 없든 공연을 해야 하기 때문에 할인을 해서라도 빈 좌석을 채우는 것이 수익에 더 도움이 된다.

그러나 관객들의 연극에 대한 관심이 높아질수록 가격에 대한 민감도 역시 상승하기 때문에 다수의 극단이 경쟁하는 시장 안에서는 가격경쟁이 발생할 수 있다. 이런 가격경쟁에 대해서 다양한 가격 정책을 대안으로 제시할 수 있지만, 연극의 질이 보장되지 않는다면 의미가 없을 것이다. 아무리 가격이 저렴해도 재미없는 연극은 누구도 보고 싶어 하지 않을 것이기 때문이다.

오픈 프라이스(Open Price), 무엇이 문제인가?

이보람, 남인화, 서민구, 박기범

지난해부터 올해에 이르기까지 가격표시제도에 대한 논의가 끊이질 않고 있다. 라면을 비롯한 4개 품목을 대상으로 '오픈프라이스제'가 시행된 2010년 7월 이후 언론에서는 이 제도를 끊임없이 보도 소재로 다루면서 뜨거운 감자가 되었다. 2011년 7월, 1년여 만에 빙과류 등 4개 가공식품에 대한 오픈프라이스제는 폐지가 되었지만, 그 실효성에 대해서는 여전히 논의 중이다. 애초 정부가 오픈프라이스제를 시행한 목적은 소비자의 권익 향상이다. 오픈프라이스제, 무엇이 문제인가?

다양한 가격표시제도

오픈프라이스제도의 효과를 분석하기에 앞서 다양한 가격표시제도에 대해서 검토해 보았다. 가격표시제도는 소비자들에게 가격정보를 제공하고 업체 간의 경쟁을 촉진하여 합리적인 가격을 이끌어 내는 데 영향을 미치기 때문에 시장에서 중요한 역할을 한다. 여기서는 매일경제 경제용어사전을 참고하여 공장도가격, 권장소비자가격, 출고가격, 오픈프라이스에 대해 정리하였다.

공장도가격

공장도가격은 제조회사가 도·소매업자에게 판매한 가격(부가가치세 포함)이다. 하청 주문에 의해 생산된 상품의 경우 주문업자가 제조업자로부터 납품받은 가격을 공장도가격으로 표시한다. 가전제품, 가구, 피아노, 스키용품 등 40개 품목에 한해 공장도가격 표시가 의무화 되었으나, 1998년 8월부터 폐지되었다.

권장소비자가격

권장소비자가격은 상품 및 용역에 대한 참고 목적으로 제조업자나 수입업자가 표시하는 가격으로 소비자가 상품을 구입할 때 정보를 제공한다. 권장소비자가격 표시여부는 제조업자의 의무사항이 아닌 임의사항이지만 권장소비자가격이 판매가격의 20%

이상이면 부당표시로 규제를 받는다. 현재 유통되는 대부분의 상품들은 실제 판매가격에 비해 권장소비자가격이 높게 표시되어 있어 적정가격 판단에 혼란을 줄 수 있다.

출고가격

주세법에 따르면 국산 주류의 용기에 통상가격에 주세·교육세 및 부가가치세를 합한 '세금 포함 출고가격'을 표시하도록 하고 있다. 출고가격이란 제조장에서 출고되는 주류의 가격을 말한다. 정부에서는 국민 생활과 밀접한 술을 이용해 폭리를 취하는 행위를 방지하고자 출고가격 표시를 의무화하였다. 그러나 수입 주류에는 국세청장이 정하는 바에 따라 그 표시를 생략할 수 있어 역차별 논란이 존재한다.

오픈프라이스

오픈프라이스open price란 제조업체가 제품에 권장소비자가격 또는 희망소비자가격 등의 기준 가격을 표시하지 않고 최종 판매업자의 판매가격만을 표시하는 방식이다. 한국에서는 1999년 화장품을 대상으로 한 오픈프라이스제가 최초로 시행되었다. 이는 1996년 화장품 권장소비자가격의 부당·허위표시 및 광고에 따라 유통 및 가격질서가 극히 문란해진 국내 화장품업체에 대한 소비자의 신뢰도가 매우 낮아 수입화장품에 시장을 고스란히 빼

앗기게 되면서 도입한 자구책이다. 종전의 권장소비자가격 표시제도가 소비자의 가치정도나 품질의 기준을 제시하기보다 할인행위의 보조수단으로 변질되면서 대부분의 국내 제조업체들이 소매의 할인율을 사전에 감안한 가격을 권장소비자가격으로 제시함으로써 그 의미가 무색해졌기 때문이다. 1999년 당시 소비자보호원이 30개 품목 3,000여개 상품에 대해 실태조사를 한 바에 따르면 권장소비자가격과 실제 거래가격과의 차이가 평균 23.2%로서 가격표시제도의 의미를 퇴색시키고 있었다.

화장품에서 출발한 오픈프라이스제는 1999년 가전제품 5개, 의류 4개 품목, 그리고 운동화, 러닝머신, 롤러블레이드 3개 품목 등 12개 품목에 확대 적용되었다. 그리고 2009년에 의류 전 품목(247개 품목)과 아이스크림, 빙과류, 라면, 과자 등 4개 가공식품으로 확대 적용되어 2010년부터 시행되었다(이인권, 2010). 권장소비자가격 표지금지 품목과 이에 따른 오픈프라이스 시행 품목은 〈표 1〉에 정리하였다.

〈표 1〉 연도별 오픈프라이스 제도 시행 품목(권장소비자가격 표시 금지 품목)

구분 (품목수)	가전제품	의 류	가공식품	기 타
1999 (12)	TV, VTR, 유선전화기, 오디오, 세탁기 (5종)	신사정장, 숙녀정장, 아동복, 운동복 (4종)		운동화, 러닝머신, 롤러블레이드 (3종)
2000 (22)	냉장고, 에어컨, 전자수첩, 카세트, 캠코더, 전기면도기 (6종 추가)			손목시계, 카메라, 가스레인지, 침대 (4종 추가)
2004 (32)	청소기, 전기밥솥, 전자레인지 (3종 추가)			컴퓨터 데스크탑, 컴퓨터모니터, 노트북컴퓨터, 장롱, 책상, 소파, 장식장 (7종 추가)
2009 (279)	기존 유지	전품목 (247종)	라면, 과자, 빙과류, 아이스크림류 (4종)	기존 유지

오픈프라이스제의 장점

혼란이 예상되었음에도 불구하고 정부에서는 〈표 2〉에 제시된 6가지의 장점을 명분으로 생필품 중 일부 품목에 오픈프라이스제를 확대 시행하였다. 여기서는 이러한 장점을 소비자, 제조업체, 소매업체의 측면으로 나누어 정리하였다.

〈표 2〉 정부가 제시한 오픈프라이스제의 장점

- 가격 경쟁을 통해 시장경쟁을 촉진시켜 상품가격이 전반적으로 하락한다.
- 동질의 상품이라 하더라도 유통업체별로 가격차이가 확연히 드러나 알뜰한 소비가 가능해져 소비자 잉여가 증대된다.
- 제조업자가 가격을 편법으로 인상해야 할 필요가 없어지며, 이에 따라 제품의 라이프 사이클이 길어져 기업체의 비능률적인 요소가 제거된다.
- 가격에 대한 소비자들의 불신이 사라진다.
- 제조업자들의 소매점에 대한 가격결정 개입이 사라진다.
- 가격경쟁의 심화가 가격을 전반적으로 하락시키면서 소비자에게 보다 많은 선택의 기회를 제공할 수 있게 된다.

소비자 측면

오픈프라이스제를 실시할 경우 고의로 권장소비자가격을 높게 표시하여 할인을 실시하는 행태가 근절되어 상표명이나 제품성분 등 비가격요소에 대한 평가 동기가 강화되어 상품의 품질을 제고하기 위한 제조업체 사이의 경쟁을 유도할 수 있다. 그리고 권장소비자가격 등의 정보로 인해 유발될 수 있는 판매자 사이의 암묵적인 담합을 방지하여 판매자의 공정한 가격 경쟁을 유도함으로써 소비자들이 합리적인 가격에 물건을 구입할 수 있다. 이로써 소비자들의 가격에 대한 불신을 제거하고, 가격적인 요소 이외의 요소들로 상품을 평가하고 선택할 수 있는 기회의 폭이 넓어져 소비자 후생이 증가한다.

제조업체 측면

가격을 제조업체가 아닌 판매업자가 결정함으로써 제조업체의 이익은 전보다 감소할 가능성이 높다. 그러나 제품가격이 바뀔 때마다 포장을 바꿀 필요가 없어지면서 제품 및 브랜드의 라이프 사이클이 길어지는 효과를 볼 수 있다. 기존의 비능률적 요소를 제거함으로써 불필요한 손실을 막을 수 있다. 또한 올바른 시장경쟁을 유도하여 제조업체가 상품의 품질향상에 주력하는 경제적 유인을 제공한다.

소매업체 측면

의도적으로 높게 책정된 권장소비자가격의 활용이 힘들어지기 때문에 할인 전략 이외에 다양한 부가서비스를 제공해야만 소매업체 사이의 치열한 경쟁에서 생존이 가능할 것이다. 물론 대형마트의 경우 이미 유통업체가 제조업체와의 협상에서 우월한 가격결정권을 행사하여 권상소비자가격의 영향을 덜 받고 가격을 결정했기 때문에 오픈프라이스 시행이 큰 영향을 미치지는 않으리라 판단된다. 그러나 이 제도의 도입을 통해 동종업계뿐만 아니라 이종업체 사이의 공정한 가격경쟁이 촉발될 경우 궁극적으로는 소비자에게 이득이 될 수 있다.

가공식품을 대상으로 한 오픈프라이스 제도는 왜 폐지되었나?

다양한 장점에도 불구하고 2011년 7월 1일을 기점으로 빙과류 등 4개 품목에 대한 오픈프라이스가 1년 만에 폐지되었다. 화장품이나 가전제품에서는 별다른 문제없이 순조롭게 시행되었던 제도가 왜 가공식품에서는 문제가 되었을까?

오픈프라이스 제도 시행 대상 가공식품의 가격 상승

2010년 라면류 등 4개 품목을 대상으로 오픈프라이스 제도가 시행된 후 1년 동안 업체간 경쟁을 통해 가격 인하를 유도한다는 정부의 취지와 달리 가격이 상승하였다. 대형마트 3사의 주요 품목을 조사한 결과 신라면을 제외한 나머지 3개 품목의 가격이 각각 2.7%, 13.6%, 14.7% 상승하였다(표 3). 편의점의 가격 상승폭은 대형마트보다 큰 데, 품목에 따라 최대 28.6%까지 상승하였다(표 4). 이러한 가격 상승으로 소비자들의 불만이 커졌다.

〈표 3〉 오픈프라이스 제도 시행 대상 주요 품목의 대형마트 판매가격 변화

구 분	2010년 6월	2011년 7월	변화율
새우깡(90g)	640원	657원	2.70%
신라면(125g*5)	2964원	2920원	-0.90%
바밤바(1개/바)	440원	500원	13.60%
메로나(1개/바)	436원	500원	14.70%

자료. 대형마트 3사(홈플러스, 이마트, 롯데마트) 대상 조사 가격의 평균

〈표 4〉 오픈프라이스 제도 시행 대상 주요 품목의 편의점 판매가격 변화

구 분	권장소비자가	오픈프라이스가	변화율
새우깡(90g)	800원	900원	12.50%
신라면(125g*5)	730원	730원	0.00%
바밤바(1개/바)	1500원	1800원	20.00%
메로나(1개/바)	700원	900원	28.60%

자료. GS25 조사가격

그렇다면 제도 시행 이후의 가공식품 가격 상승에 소비자가 더욱 민감하게 반응한 이유는 무엇일까? 아이스크림, 빙과, 과자, 라면류 등은 생활과 밀접하게 연관되어 있는 가공식품이라는 점에서 과거 오픈프라이스 제도가 시행된 품목과 차이가 있다. 과자와 라면은 2008년 정부가 지정한 52개의 생활필수품목 중 하나이다(표 5). 또한 개당 단가가 의류, 가전제품 등에 비해 상대적으로 저렴하기 때문에 소폭의 가격 변화에도 소비자들이 민감하게 반응할 수 있다.

〈표 5〉 2008년 정부 지정 생활필수품목(52개)

no	품목	no	품목	no	품목	no	품목
1	쌀	14	양파	27	휘발유	40	쓰레기 봉투료
2	밀가루	15	마늘	28	경유	41	학원비
3	라면	16	고추장	29	LPG	42	가정학습지
4	빵	17	식용유	30	등유	43	납입금
5	쇠고기	18	달걀	31	화장지	44	샴푸
6	돼지고기	19	우유	32	전기료	45	위생대
7	멸치	20	사과	33	자장면	46	외래진료비
8	고등어	21	스낵과자	34	전철료	47	보육시설 이용료
9	배추	22	소주	35	시내버스료	48	공동주택 관리비
10	무	23	설탕	36	상수도료	49	주거비
11	두부	24	바지	37	도시가스료	50	시외버스료
12	콩나물	25	유아용품	38	이미용료	51	이동전화통화료
13	파	26	세제	39	목욕료	52	유선방송수신료

자료. 기획재정부 경제정책국 물가정책과 보도자료

오픈프라이스제의 미래

라면류 등 4개 품목에 대한 오픈프라이스 제도가 폐지된 이후 권장소비자가격이 부활했다. 정부는 식품 가공업체에 권장소비자가격을 오픈프라이스 제도 시행 이전 수준으로 돌려놓기를 요구했고, 정부가 밀가루 등 원자재 가격을 안정화시키겠다는 약속을 제시함에 따라 3대 식품업체가 이에 응했다.

오픈프라이스 제도의 미래를 논하기 전에 라면류 등 4개 품목의 가격 상승이 제도 시행 때문인지에 대해 검토할 필요가 있다. 우리의 결론은 '아니다'이다. 2007년부터 원료 곡물의 가파른 상승세가 이어져 2010년 이후 상승폭이 대단히 커졌다. 유럽과 러시아 등 주요 생산국의 가뭄이 국제 곡물가 상승에 일조하여 2010년 7월의 밀 가격은 6월 대비 약 70% 가량 상승했다. 이를 고려할 때 원료 곡물의 급격한 가격 상승이 라면류 등 4개 품목의 가격 상승에 큰 영향을 미쳤으리라 판단된다. 여기에 제도 시행 초기의 불확실성도 영향을 미쳤겠지만, 새로운 제도를 시작함에 있어 기업이 안고 있는 불확실성은 시간이 지나면 자연스레 해소될 수 있다. 국제 밀 가격의 상승이 좀 더 본질적인 원인이라고 할 수 있다.

오픈프라이스 제도에 대한 논란은 제도가 폐지된 이후에도 계속되고 있다. 정부가 라면류 등 4개 품목을 대상으로 한 오픈프라이스 제도를 폐지하는 대신 가격을 제도 시행 이전 수준으로 동결시켰다는 사실에 권장소비자가격 표시의 부활을 환영하는 사람들도 있다. 오픈프라이스 제도 시행 초기 이에 대한 여론이 좋지 않았기 때문이기도 하다. 그러나 제도 폐지에 대한 반대 목소리도 만만치 않다. 오픈프라이스를 시행으로 제조업체는 상당한 메뉴비용menu cost을 치렀는데,[21] 제도 시행 1년 만에 정책을 바꾸면서 기업이 추가적으로 메뉴비용을 치뤄야하기 때문이다.

---

21) 기업들이 가격을 자주 조정하지 않는 것은 조정하는 데 비용이 들기 때문이다. 제품가격표와 메뉴판을 전부 새로 만들어야 하는 데 이렇게 가격조정에 들어가는 비용을 메뉴비용이라고 한다.

일각에서는 제도가 정착되어 제대로 된 결과를 얻기도 전에 폐지하는 것이 성급한 결정이라고 이야기한다. 물가 정책은 단기적 시각이 아닌 장기적 안목을 가지고 추진해야 함을 간과했다는 것이다.

결론

정부가 라면류 등 4개 품목의 오픈프라이스를 시행한 취지는 업체간 경쟁을 통해 가격 하락을 유도하고 소비자 잉여를 증대시키는 데 있다. 그러나 당초 취지와 달리 제품의 가격 상승으로 소비자의 불만이 커졌다. 정부 안팎으로 제도에 대해 회의적인 의견이 많았다. 그리고 1년 만에 폐지되었다. 제도 폐지에 대해 긍정적 의견을 피력한 사람들도 있지만, 제품 가격의 하락과 소비자 권익이 정말 다시 원래 수준을 되찾았는지는 알 수 없다.

오픈프라이스 제도는 권장소비자가격 표시제도보다 자유시장 논리에 더욱 가까운 제도이다. 제도가 시장에서 제대로 작용하지 않았던 것은 정부가 이 제도를 확대하면서 여러 가지 오류를 안고 출발했기 때문이다. 제도에 대한 소비자 인식이 부족했고, 가격 정보에 대한 소비자 접근성이 정부의 예상보다 현저히 떨어졌다. 소비자들이 불편함을 토로할 만하다. 게다가 이 제도로 과점적인 가공식품 유통구조가 여실히 드러났다.

제도 자체가 적절했는지에 대해 명확한 결론을 내릴 수는 없지만 이번 폐지가 아쉬운 것은 사실이다. 정부가 시장 유통구조를 다시 한 번 파악하고, 소비자들의 높은 탐색비용을 감안하여 정보 접근성 저하의 문제를 해결한다면 라면류 등 4개 품목 만이 아니라 더 많은 품목에 대해서도 오픈프라이스 제도 적용이 가능하지 않았을까?

고가 한우 전략, 현명한가?

배석민, 김소정, 오현호, 김진성

비싼 한우 가격

2000년대 들어 외국산 쇠고기의 수입 확대로 한우가격이 떨어질 것으로 예상되었으나, 근래 한우가격은 수입산 쇠고기 가격에 비해 높게 유지되고 있다. 한우가격이 높게 형성되는 경향은 국내 소비자들이 맛과 더불어 안전성을 중요시하고, 한우생산자들이 이러한 소비자들의 소비행태를 한우 고급화 및 고가 판매 전략에 반영하였기 때문으로 볼 수 있다.

안전성을 중시하는 쇠고기 소비행태는 전 세계적으로 광우병에 대한 관심이 고조된 상황에서 주요 수출국인 미국에서 광우병 추정 소가 발견되고, 미국산 쇠고기 수입과정에서 잇따라 뼛

조각이 발견되면서 형성되었다. 한우생산자들은 소비자들이 안전성에 높은 프리미엄을 지불할 의사가 있음을 확인하고 고가 전략을 펼쳤다. 그 결과 수입산 쇠고기에 비해 높은 가격을 유지하면서도 소비자들의 한우에 대한 신뢰를 바탕으로 일정 수준의 수요를 확보해왔다.

그러나 한우의 고급화 및 고가 판매 전략으로 한우가격이 소비자들의 최대지불의사를 넘어서게 될 경우 수요가 감소할 수 있다. 한우 수요 감소에 따른 시장점유율 하락은 한우의 경쟁력을 떨어뜨려 한우산업의 침체를 가져올 수 있다. 이 연구에서는 한우 가격 수준을 살펴보고 이를 한우에 대한 소비자들의 최대지불의사와 비교해봄으로써 한우의 고급화 및 고가 전략이 적절한지를 검토하였다.

높은 한우가격 형성의 원인 분석

한우가격이 높게 형성되는 이유를 분석하기 위해 한우와 호주산 및 미국산 쇠고기의 소매가격 변동 추이를 비교하였다. 부위별로 쇠고기 가격이 다르기 때문에 등심 소매가격을 비교대상으로 선정하였는데, 등심 부위가 따로 없는 미국산의 경우 등심과 가장 유사하고 구이용으로 소비되는 척아이롤 소매가격을 비교하였다. 기간은 농수산물유통공사에서 가격 자료를 본격적으로 구축하기 시작한 2006년 이후로 선정하였고, 가격 변화가 두드러지게 나타난 2007년 초, 2008년 중반, 2010년 말 등 세 시기로 구분하여 분석하였다.

2007년 1월 이후 한-미 자유무역협정(FTA)의 여파로 한우 가격이 급락하였다. 2006년 말부터 FTA로 인한 미국산 쇠고기 대량 유입에 대한 불안감으로 인해 농민들이 소 사육을 꺼리게 되면서 송아지 가격이 폭락한 시기였다.

그러나 2008년 중반에는 광우병 사태, 6월 쇠고기 원산지 표시제도 도입 등으로 인해 수입육에 대한 불안감과 반감이 급증하고, 반대급부로 한우의 안전성이 크게 부각되었다. 이에 따라 한우의 프리미엄이 증가하였는데, 이는 한우자조금협회의 한우 명품화 전략과 더불어 2010년 10월 한우가격이 최고점에 이를 때까지 한우가격을 상승시키는 주요 요인이 되었다. 〈그림 1〉에서 보는 바와 같이 2010년 10월에는 한우가격이 상승세를 보이기 시작한 2008년 중반에 비해 22% 상승하였고, 한우가격이 최저점에 이르렀던 2008년 6월에 비해 33% 상승하였다. 이 기간 동안 한우가격 상승과 함께 사육규모도 동반 상승하였다.

2010년 말은 대규모 구제역 파동으로 인해 육류 전체의 수요가 감소한 시기였다. 한우가격은 2010년 10월 최고점에 다다른 후 점차 하락하였다. 한우와 함께 호주산 쇠고기의 가격도 하락하였으나, 미국산 쇠고기 가격은 오히려 상승하였다. 이는 국내 구제역 사건을 계기로 소비자의 선호도가 변화했기 때문으로 판단된다. 과거 광우병 파동으로 미국산에 대한 수요가 급격히 감소했으나 점차 안전성에 대한 불신이 누그러지면서 수요가 증가하였고, 구제역으로 한우에 대한 수요가 감소했기 때문으로 해석할 수 있다.

〈그림 1〉 2006년 이후 원산지별 쇠고기 등심 가격 변화 동향 (단위 : 원/kg)

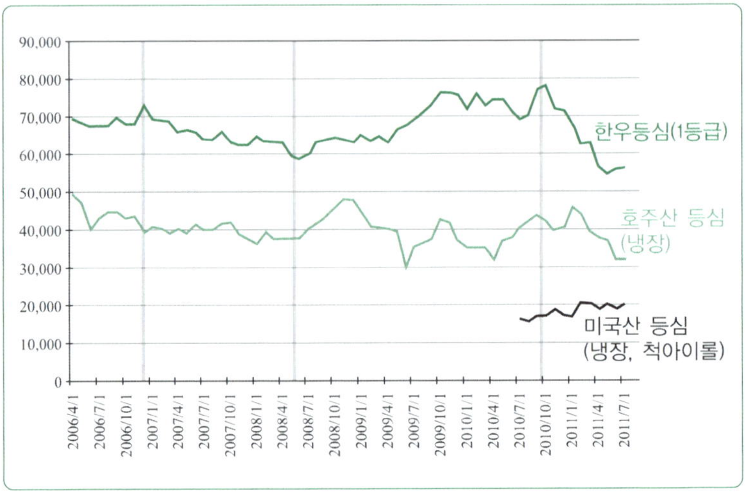

자료. 농수산물유통정보(www.kamis.or.kr)

한우가격의 변화 추이를 분석한 결과 가격에 영향을 미친 사건은 한-미 FTA를 제외하면 유럽 광우병 파동, 미국 광우병 추정 소 발견, 쇠고기 원산지 표시제 도입, 구제역 파동 등 쇠고기의 안전성과 관련된 사건이다. 안전성 문제가 부각될 때마다 소비자의 한우 수요가 변화하여 그에 따라 가격이 변화해 왔다는 사실을 통해 한우가격이 수입산 쇠고기에 비해 높은 것은 안전성 프리미엄이 반영되었기 때문으로 볼 수 있다.

한우의 안전성 프리미엄 추정

한우가격을 분석하기 위해 2009년 이후 자료를 이용하여 한우의 안전성 프리미엄을 계산하였다. 이 연구에서는 〈그림 2〉에 나타난 한우와 호주산 등심 가격의 차이를 한우의 안전성 프리미엄으로 해석하였다.

〈그림 2〉 2009년 이후 국내산과 수입산 쇠고기의 소매가격 변동 추이

(단위 : 원/kg)

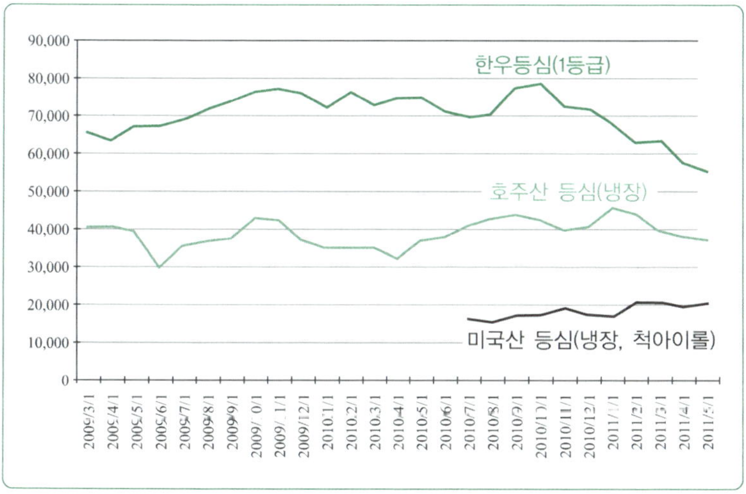

자료. 농수산물유통정보(www.kamis.or.kr), 한국육류유통수출입협회(www.kmta.or.kr)

한우와 호주산 쇠고기의 가격 차이를 모두 안전성 프리미엄으로 해석할 경우 한우의 안전성 프리미엄은 평균 31,345원/kg 정도이다(표 1). 한우의 평균 가격(70,163원/kg)과 한우와 호주산

쇠고기의 가격 편차(31,345원/kg)를 고려할 때 안전성 프리미엄은 한우가격의 44.67% 정도로 볼 수 있다.

한우와 호주산 쇠고기가 최대의 가격 차이를 보였던 2010년 4월, 안전성 프리미엄은 한우가격의 56.82%인 42,416원/kg으로 분석되었다. 그리고 한우가격이 하락한 2011년 5월에는 그 격차가 18,014원/kg까지 줄어들어 한우의 안전성 프리미엄은 32.71%까지 감소하였다.

〈표 1〉 한우와 호주산 쇠고기의 기간별 가격(프리미엄) 차이(2009. 3 - 2011. 5)

구 분	가 격 차 이			비 고
	한우가격(원)	호주산가격(원)	가격차(원, %)	
전체 평균	70,163	38,817	31,345원/kg (44.67%)	평균 가격차
2010. 4	74,650	32,234	42,416원/kg (56.82%)	최고 가격차
2011. 5	55,064	37,050	18,014원/kg (32.71%)	최저 가격차

주. 가격차의 %는 한우와 호주산 가격이 한우가격에서 차지하는 비중, 즉 한우가격의 안전성 프리미엄의 비율을 의미함

한우에 대한 소비자들의 최대지불의사 분석

한우에 대한 소비자의 최대지불의사 수준은 농수산물유통공사 유통식품정보팀에서 발행한 농축수산물 소비 실태 조사 결과를 인용하였다. 본 자료는 전국 특별·광역시와 주요 도청소재지에

거주하는 25세 이상의 기혼여성 1,250명을 대상으로 일대일 개별면접조사를 통해 농축수산물 구매행태, 소비패턴 등을 조사한 결과이다.

〈그림 3〉에서 보는 바와 같이 수입 쇠고기에 대비하여 어느 정도까지의 한우가격을 지불할 의사를 가지고 있는지를 조사한 결과 설문대상자의 43%는 한우가격이 수입 쇠고기의 150% 이하인 경우 한우를 구입하겠다고 응답하였다. 그리고 응답자의 30%는 수입 쇠고기 대비 200% 이하인 경우 한우를 구입하겠다는 지불의사를 보였다. 실제 시장에서 한우가격이 수입산 쇠고기 가격 대비 150~200% 사이의 가격을 형성하고 있는 것은 이러한 지불의사가 반영되었기 때문으로 판단된다.

소비자의 최대지불의사 조사 결과를 고려할 때 한우가격이 현행의 가격 수준(호주산 쇠고기의 180% 수준)을 유지할 경우 수

〈그림 3〉 한우 구입 시 수입 쇠고기의 가격에 대한 수용가능 비율

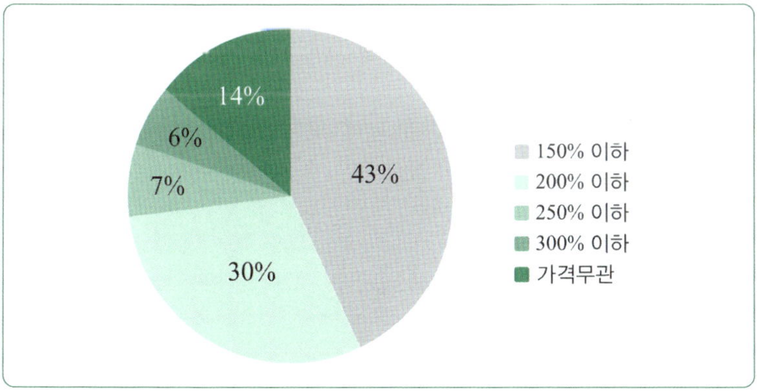

자료: 농축산물 소비 실태 조사(농수산물유통공사 유통식품정보팀)

입산 쇠고기 대비 150%까지의 최대지불의사(수용가능 가격 비율)를 나타내는 43%의 소비자들을 잃을 수 있고, 한우가격이 더욱 상승하여 수입산 대비 200% 이상의 가격 차이를 나타낼 경우 추가로 30%에 해당하는 소비자들을 잃을 수 있다.

결론 : 안전성 프리미엄 vs. 최대지불의사

지금까지 한우가격이 지속적으로 상승하여 한우에 대한 최대지불의사를 초과할 경우 한우 소비가 감소할 위험이 있음을 확인하였다. 이는 고급화를 바탕으로 한 한우 고가 판매 전략이 적절하지 않을 수 있음을 시사한다. 향후 국내 쇠고기 시장에서 안전성 프리미엄이 포함된 한우가격이 지속적으로 상승하여 최대지불의사를 초과할 경우 상대적으로 저렴한 수입산 쇠고기로 수요가 전환되어 한우산업의 침체를 가져올 수 있다는 의미이다.

2009년 이후 한우가격은 수입산 쇠고기 가격의 180% 수준이지만 대다수 소비자들의 한우에 대한 최대지불의사는 200% 이하이다. 최대지불의사 조사결과를 다르게 해석하면, 한우가격을 수입산 쇠고기의 150% 이하로 낮출 경우 43%의 추가 수요를 창출할 수 있다. 이는 한우생산자들이 고급화 및 고가 판매 전략에서 대중화 가격정책으로 한우가격을 낮출 필요가 있음을 시사한다.

공짜 서비스, 어떻게 가능할까? : 무료 인쇄서비스 사례

안윤재, 진소정, 최문희, 최은숙

세상의 모든 공짜들, 왜 공짜일까?

매일 아침, 저녁으로 지하철 무료신문이 역 앞 등 사람들이 붐비는 곳에서 제공된다. 오고 가는 지하철 안에서 무료로 신문을 볼 수 있나는 이유로 사람들에게 선풍적인 인기를 끌고 있다. 그렇다면 도대체 신문사들은 왜 앞 다투어 신문을 공짜로 주려고 하는 것일까? 한편 네이버, 네이트, 다음 등의 인터넷 포털 사이트들도 이용자들에게 별도의 요금을 부과하지 않고 메일, 블로그, 날씨정보, 만화 등 여러 가지 서비스를 제공하고 있다. 이들은 어떻게 돈을 버는 것일까? 스마트폰이 빠르게 보급된 후 손쉽게 스마트폰 어플리케이션을 무료로 다운받을 수 있다. 오히려 돈을 주고 어플리케이션을 다운받는 것을 손해라고 생각하는 사람들이 많다. 기업들은 왜 무료로 어플리케이션을 제공하는 것일까?

경제학의 새로운 패러다임 : 공짜경제학

소위 '공짜 상품'이 존재할 수 있는 이유는 '광고' 때문이다. 무료 상품을 내세워 이용자들이 광고를 보도록 하여 매출로 연결시키는 것이다. 이처럼 공짜로 상품이나 서비스를 제공하여 수익을 창출하는 마케팅을 '공짜 마케팅'이라 부른다. 공짜 마케팅을 통한 수익모델은 생각보다 역사가 길고, 최근 다양한 방법으로 진화하고 있다. 일시적으로 관심을 끌기 위한 일회성 마케팅이나 단순한 이벤트를 넘어 수익 창출을 위한 의도적인 전략으로 체계화되고 있다(그림 1). 또한 공짜가 하나의 경제 현상이라고 말할 수 있을 정도로 다양한 산업에서 광범위하게 활용되고 있다. 이 연구는 무료인쇄 출력서비스에 대한 분석을 통해 공짜 마케팅의 실체를 알아보고자 시작되었다.

〈그림 1〉 공짜 마케팅의 수익 창출 모델

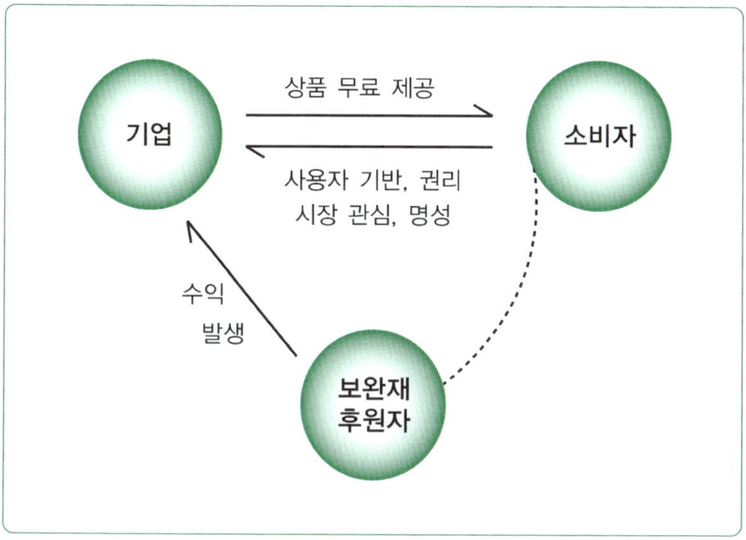

공짜경제학의 신개념 유형 : 무료인쇄서비스

무료인쇄 출력서비스를 처음으로 기획한 A사의 사장은 대학생이다. 대학생들은 수업 관련 자료를 출력하는 경우가 많기 때문에 학기 중 학교주변의 인쇄소는 길게 늘어선 학생들로 북적거린다. 그러나 고(高)물가 시대에 연 천 만원에 달하는 등록금까지 부담해야 하는 대학생들에게 인쇄물 출력비는 적지 않은 부담이 된다. 인쇄비용을 조금이라도 아끼고 싶어하는 대학생들의 심리를 파악한 한 학생이 영감을 얻어 사업 모델을 구축하였다. 2010년 10월 고려대를 시작으로 서울대, 연세대, 한양대, 동국대 등 주요대학을 비롯하여 전국 244개 대학에서 서비스가 시행

되고 있다. 2012년 현재 52,913명의 학생들이 A사 홈페이지에서 회원가입을 한 후 무료 인쇄서비스를 이용 중이다. A사의 서비스는 〈표 1〉과 같이 진행된다.

〈표 1〉 A사의 무료인쇄 출력서비스 개요

- 광고주가 A사에 광고를 의뢰 : 광고비용 - 출력용지 한 장당 100원
- A사는 제휴 인쇄소에 설치된 PC 및 프린팅 소프트웨어 프로그램을 관리하여 더 많은 사람들이 서비스를 이용할 수 있도록 홍보
- 대학 내 인쇄소 주인은 PC에 A사가 제공한 소프트웨어 프로그램을 설치하여 학생들에게 무료 인쇄서비스 제공 - A사로부터 장당 50원을 지원받음
- 학생들은 A사 제휴인쇄소를 찾아가 지정된 PC에서 무료로 문서를 출력하고, 출력용지 하단에 개제된 광고를 보게 됨 : 일인당 무료출력 가능 장수는 매주 20장, 월 80장으로 제한

광고 인쇄물 서비스에 요금을 매긴다면?

운영진 인터뷰에 따르면 A사의 매출은 수지타산을 겨우 맞출 정도라고 한다. 홍보가 충분히 되지 않아 아직 서비스를 잘 모르는 사람들이 많고, 무료 인쇄가 가능한 PC 대수가 충분치 않은 것도 사실이다. 그렇다면 A사는 정말 무료 프린트 서비스 제공을 통해 이윤을 얻을 수 있을까? A사가 이익 증대를 꾀할 수 있는 적정 가격은 과연 ∅ 일까?

인쇄서비스가 공짜로 제공되지 않을 경우 서비스 이용자 수가 감소할 것이다. 무료로 인쇄를 할 수 없는데 굳이 A사 홈페이지

에 로그인을 하고, 광고가 새겨진 인쇄물을 이용할 유인이 줄어들기 때문이다. 우리는 A사의 이익을 증진시키기 위한 인쇄서비스의 적정가격 산출을 위해 고려대학교 학생을 대상으로 인쇄서비스에 대한 지불의사를 조사하였다. 조사는 2011년 5월 고려대학교 이공계 캠퍼스에 재학 중인 학생 100여명을 대상으로 직접 질문을 하는 방식으로 진행하였다. 응답자들은 모두 A사의 무료 출력서비스를 알고 있었고, 이 서비스를 이용한 경험이 있는 이들이다.

가격대별 수요 조사 결과는 〈표 2〉와 같다. 조사결과 광고가 없는 일반 용지에 대한 소비자들의 지불의사금액이 광고가 있는 A사의 인쇄용지에 비해 약 20원 높았다. 이는 당연한 현상이다. 광고로 인한 불편함, 좋지 않은 미관, 번거로운 출력절차 등이 용지에 대한 매력을 감소시키기 때문이다.

〈표 2〉 인쇄서비스 제공 가격에 따른 수요 조사 결과

광고가 없는 일반 출력용지		광고가 게재된 출력용지	
가격	수요량	가격	수요량
60원	0명	60원	0명
50원	32명	50원	1명
40원	42명	40원	5명
30원	70명	30원	30명
20원	91명	20원	61명
10원	100명	10원	100명

〈그림 2〉는 설문조사 결과를 이용하여 도출한 광고 게재 여부별 인쇄서비스에 대한 수요곡선이다. 광고가 게재된 출력 용지에 대한 수요곡선의 기울기가 −0.431로 광고가 없는 출력 용지에 대한 수요곡선의 기울기(−0.485)보다 완만하다. 이는 광고가 게재된 출력 용지에 대한 수요가 광고가 없는 출력 용지에 대한 수요에 비해 탄력적임을 의미한다.

〈그림 2〉 인쇄서비스 제공 가격에 따른 수요곡선
: 광고가 없는 출력 용지 vs. 광고가 게재된 출력 용지

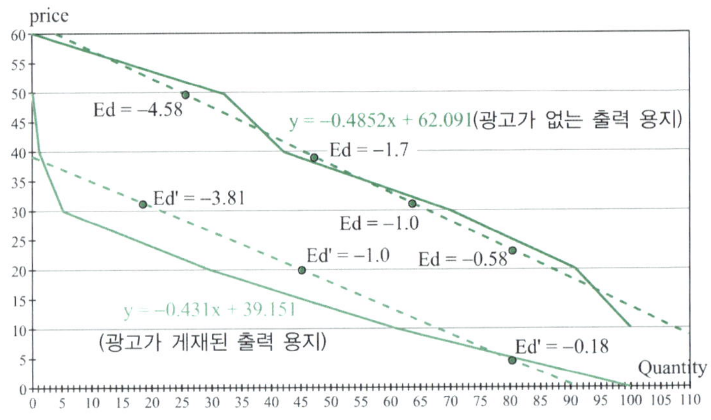

주. Ed와 Ed'은 각각 광고가 없는 출력 용지가 광고가 게재된 출력 용지의 수요에 대한 가격 탄력성을 의미함

A사의 이익을 극대화시키는 최적 가격은?

설문조사를 통해 도출된 가격대별 예상 수요량과 업체 조사결과를 바탕으로 A사의 총수입과 총비용을 추정하여 회사의 이익이

극대화되는 가격을 찾아보았다. 경제학 이론은 회사의 이익을 극대화하기 위해서는 회사의 한계수입과 한계비용이 같아지는 점에서 재화의 가격이 책정되어야 한다. 이 점에서 총수입에서 총비용을 공제한 수익이 가장 커서 이익이 극대화된다.

총수입

A사의 매출은 출력물 판매수입과 광고주 지원액으로 구성된다. 출력 장수만큼 광고주로부터 지원을 받는 지원액은 장당 100원으로 가정하였다. 학생 1인당 평균 42장을 출력한다고 가정할 때 표본의 총 매출액은 식 (1)과 같이 결정된다. 식 (1)에서 S는 표본의 총수입, AS는 장당 광고주 지원액(100원), Q_S는 이용 학생 수, $\overline{Q}_{출력}$은 학생 1인당 출력물 수(42장)를 의미한다. 현재 A사의 이용자 수는 약 52,000명으로 설문조사 표본 100명의 520배이므로 식 (1)의 표본 총수입에 520을 곱해주면 실제 총수입의 근사치를 추정할 수 있다.

$$S = (p + AS) \times Q_S \times \overline{Q}_{출력} \qquad (1)$$

인쇄서비스 제공 가격대별 총수입 추정 결과는 〈표 3〉과 같다. 가격이 0원일 경우 총수입이 약 2억 1,840만 원으로 가장 크고, 50원일 경우 총수입은 0원이다.

〈표 3〉 설문조사 결과를 이용한 A사의 총수입 추정 결과 (단위 : 원)

가격 (A)	수요		판매수입 (D=A×C)	광고수입 (E=C×100)	표본총수입 (F=D+E)	총수입 (G=F×520)
	인원(명) (B)	수요량(장) (C=B×42)				
0원	100	4,200	0	420,000	420,000	218,400,000
10원	61	2,562	25,620	256,200	281,820	146,546,400
20원	30	1,260	25,200	126,000	151,200	78,624,000
30원	5	210	6,300	21,000	27,300	14,196,000
40원	1	42	1,680	4,200	5,880	3,057,600
50원	0	0	0	0	0	0

주1. 학생 1인당 42장을 출력한다는 가정에 따라 인원에 42를 곱하여 수요량(장) 산출
주2. A사 이용 고객(약 52,000명)이 설문조사 표본(100명)의 520배이므로 표본총수입에 520을 곱하여 A사의 총수입을 산출하였음

총비용

인쇄서비스의 총 생산비용은 가변비용과 고정비용의 합으로 구성된다. 가변비용은 무료출력량에 따라 인쇄소에 지불해야 하는 비용으로 장당 50원을 적용하였다. A사의 총가변비용은 식 (2)와 같이 장당 인쇄비용 50원에 이용 학생 수 Q_S, 학생 1인당 출력물 수 $\overline{Q}_{출력}$(42장), 그리고 520(A사 실제 이용 학생 수의 표본 대비 비율, 520배)을 곱한 값이다.

$$TVC = 50 \times Q_S \times \overline{Q}_{출력} \times 520 \tag{2}$$

총고정비용은 인쇄물 출력량에 상관없이 서비스를 제공하는

데 필요한 유지비용이다. 여기에는 PC 관리비와 서버비용, 인건비, 교통비, 홍보비 등이 포함되고, 1,300만원으로 가정하였다. 총가변비용과 총고정비용을 합하면 총비용이 산출된다.

추정 결과 A사의 총비용은 최소 1,300만원에서 최대 1억 2,220만원으로 추정되었다. 총가변비용은 최소 0원에서 최대 1억 920만원으로 추정되었다(표 4).

〈표 4〉 설문조사 결과를 이용한 A사의 총비용 추정 결과 (단위 : 원)

가격 (A)	수요		총가변비용		총고정비용 (F)	총비용 (G=E+F)
	인원(명) (B)	수요량(장) (C=B×42)	표본가변비용 (D=C×50)	총가변비용 (E=D×520)		
0원	100	4,200	210,000	109,200,000	13,000,000	122,200,000
10원	61	2,562	128,100	66,612,000	13,000,000	79,612,000
20원	30	1,260	63,000	32,760,000	13,000,000	45,760,000
30원	5	210	10,500	5,460,000	13,000,000	18,460,000
40원	1	42	2,100	1,092,000	13,000,000	14,092,000
50원	0	0	0	0	13,000,000	13,000,000

주1. 학생 1인당 42장을 출력한다는 가정에 따라 인원에 42를 곱하여 수요량(장) 산출
주2. 장당 출력비용이 50원임을 가정하여 수요량(장)에 50을 곱하여 표본 총가변비용을 산출하였음
주3. A사 이용 고객(약 52,000명)이 설문조사 표본(100명)의 520배이므로 표본총수입에 520을 곱하여 A사의 총수입을 산출하였음

A사의 이윤이 극대화되는 가격 : '0'원

〈표 5〉에서 보는 바와 같이 A사의 총수입과 총비용 추정 결과를 이용하여 이윤을 구한 결과 이윤을 극대화하는 광고가 인쇄

된 출력물의 가격은 0원이다. 즉 A사는 소비자들에게 무료로 인쇄서비스를 제공할 때 가장 많은 돈을 벌 수 있다. 인쇄용지에 요금을 부과하지 않고 계속 무료로 제공하는 것이 오히려 이익인 것이다.

〈표 5〉 설문조사 결과를 이용한 A사의 가격대별 이윤 추정 결과 (단위 : 원)

가격	수 요		총수입 (A)	총비용 (B)	이윤 (A-B)
	인원(명)	수요량(장)			
0원	100	4,200	218,400,000	122,200,000	96,200,000
10원	61	2,562	146,546,400	79,612,000	66,934,400
20원	30	1,260	78,624,000	45,760,000	32,864,000
30원	5	210	14,196,000	18,460,000	-4,264,000
40원	1	42	3,057,600	14,092,000	-11,034,400
50원	0	0	0	13,000,000	-13,000,000

주. 학생 1인당 42장을 출력한다는 가정에 따라 인원에 42를 곱하여 수요량(장) 산출

그렇다면 왜 서비스를 무료로 제공할 경우 이윤이 가장 커질까? 아마도 인쇄서비스가 무료에서 유로로 전환될 경우, 많은 소비자들이 이 서비스에 대한 매력을 느끼지 못하고 서비스를 이용하지 않으려 하는 심리가 강하게 작용하기 때문이다. 설문조사 결과를 보면 10원이라도 가격이 붙는 순간 A사의 출력서비스를 이용하려던 소비자들의 40%가 더 이상 이것을 이용하지 않겠다고 대답하였다. 비록 10원이라는 작은 금액이지만 '유료' 서비스와 '무료' 서비스에 대한 소비자들의 태도는 매우 달랐다.

인쇄용지에 원하지 않는 광고가 실리게 되어 자신의 의지와는 상관없이 광고를 접해야 한다는 점이 반감으로 작용하였을 것이다.

결론

요컨대 '공짜 마케팅'을 이용한 수익모델은 A사의 사례에서도 유효했다. 무료로 재화를 제공함에도 수익 창출이 가능한 것이다. 여기서 조금 더 생각해보아야 할 점은 이러한 서비스가 과연 얼마만큼의 광고효과를 가질 수 있는가이다. 광고주는 자신의 상품을 효과적으로 홍보할 수 있는 수단을 찾는다. 그러나 인쇄용지를 통한 광고는 전례가 없어서 그 효과가 검증되지 않았다. 그러므로 광고주는 A사의 무료인쇄서비스가 소비자들의 구매행동에 얼마만큼 기여하는지 더욱 꼼꼼히 따질 것이다. A사의 서비스가 주당 20장으로 제한되고 있다는 점도 문제점으로 지적되고 있다. 주당 20장을 초과하여 인쇄할 경우 그 주간엔 더 이상 인쇄를 할 수 없다. 이러한 점들이 차츰 보완된다면 A사의 무료인쇄서비스는 보다 강력하고 효과적인 공짜마케팅 모델이 될 것으로 판단된다.

참고 문헌

1. 공짜경제학, 나준호, 2009

2. 경제학 들어가기, 이준구, ISBN 978-89-18-10098-2

에필로그 |

「세상의 모든 가격이야기」는 2010년 3월 저자 중 한명인 2005학번 김동원의 제안으로 시작되었다. 학과의 수업 중 발표 주제를 모아 경제학을 기반으로 세상을 바라보는 독특하고 시의성 있는 경제학도의 시각을 이야기해 보자는 취지였다. 이후 논의를 거쳐 농식품가격분석론(강의 양승룡 교수)의 우수 발표과제를 모아 편집을 시작하였다.

편집을 하는 내내 느낀 점은 주제가 무척 다양하고 현실적이라는 점이다. 공짜폰, 옷, 반반음식, 커피, 아이스크림, 소셜커머스, 연극, 무료인쇄 출력서비스의 가격 등 대학생들이 일상생활에서 쉽게 접할 수 있는 주제도 있고, 단수 가격 전략, 할인을 통한 미끼상품 전략, 고가 상품 전략 등 기업과 생산자의 가격전략도 다루고 있다. 또한 강남 집값의 거품, 등록금과 결혼 문제, 과점 기업들의 가격담합, 오픈프라이스 등 전문 연구자들도 쉽게 다룰 수 없는 민감한 사회적 이슈에 대한 얘기도 들어 있다. 모든 주제들이 현실과 밀접한 관련을 가지고 있다. 복잡하고 어려울 뿐만 아니라 현실과 동떨어졌다는 오명(?)을 받고 있는 경제학에 생동감을 불어넣는 주제이다.

편집자가 느낀 또 하나의 중요한 특징은 자신들의 관심사에 '과감하게 질문을 던지고', '정답이 아닌 자신들만의 답'을 찾아나가는 저자들의 방식이다. 논리가 투박하거나 때로는 비약이 있기도 하지만, 경제학 이론을 바탕으로 답을 찾아나가는 과정이 참신하고 기발하다. 거창한 이론을 내밀거나 복잡한 실증 분석을 하지도 않았다. 대부분이 경제학 관련 학과의 2학년 학부생이 배우는 미시경제학의 기본 이론을 적용해 얘기를 풀어나간다. 저자들이 똑똑하기 때문일 수도 있지만, 그 보다는 '명확한 질문'과 '답을 알고 싶어 하는 호기심', 그리고 '호기심을 뒷받침할 끈기와 노력'의 결실이라 생각된다. 질문할 줄 아는 저자들의 용기에 박수를 보낸다.

편집 초기 2~3개년 동안의 발표를 묶어 시리즈물로 연재하자는 거창한 포부와 함께 작업을 시작하였다. 그러나 총괄 편집자의 게으름으로 이제야 결실을 보게 되었다. 편집자의 게으름은 지탄받아 마땅하겠지만, 편집간사의 역할을 해 준 2004학번 이재상과 2005학번 김동원, 그리고 지금은 거친 사회 속에서 또 다른 자신의 이야기를 쏟아내고 있을 저자들에게 감사드린다.

책 판매 수익금은 전액 효봉장학재단에 기증할 예정이다. 효봉장학재단은 고려대학교 식품자원경제학과 1990학번인 고(故) 효봉 조성열 박사의 유지를 받들어 고려대학교 식품자원경제학과 학생들을 주 수혜자로 설립한 장학재단이다.

이 책이 가격의 본질에 관심이 있는 학생은 물론 일반 직장인도 호기심의 끈을 따라 과감하게 '질문을 던지고', 세상에 대한 자신의 이야기를 풀어나가는 데 작은 보탬이 되었으면 한다.

2015년 봄, 이춘수

연구지도 : 양승룡
고려대학교 식품자원경제학과 교수

연구발표 : 이나영 · 이선미 · 조이훈 · 한보람 · 이재상 · 최석원 남기은 · 박창언 · 김석래 · 노현우 · 전찬우 · 박수현 · 박빛나 박유민 · 김진철 · 박동훈 · 송수진 · 장현수 · 강승원 · 김경진 김동원 · 이영주 · 변진영 · 황재은 · 김세련 · 김남준 · 이형근 안필중 · 이영찬 · 김상훈 · 문소현 · 박은정 · 배석민 · 김소정 오현호 · 김진성 · 안윤재 · 진소정 · 최문희 · 최은숙 · 이보람 남인화 · 서민구 · 박기범

총괄편집 : 이춘수
고려대학교 식품자원경제학과 박사수료

THE STORY OF EVERY PRICE IN THE WORLD

세상의 모든 가격 이야기

발행 | 2015년 7월 20일 1판 1쇄
2017년 3월 02일 1판 2쇄

지은이 | 양승룡 외 45인
펴낸이 | 오판근
펴낸곳 | (주)교 우

주 소 | 서울특별시 동대문구 약령시로 8 교우빌딩 2층
전 화 | 925-2861(대표), 925-2825(편집부), 969-5762(홈쇼핑)
팩 스 | 925-2860

이메일 / kyowoo@kyowoo.co.kr
홈페이지 / http://www.kyowoo.co.kr
북스토어(쇼핑몰) / http://www.kyowoo.co.kr

등록번호 / 1994년 3월 24일 제1994-000013호

ISBN 979-11-251-0113-0 (03320)

값 13,000원